나를 돌보는 책

セルフケアの道具箱

SERUFUKEA NO DOUGUBAKO by ITO Emi, HOSOKAWA Tenten

Copyright©ITO Emi, HOSOKAWA Tenten 2020

Original Japanese edition published by SHOBUNSHA Co.,Ltd.Tokyo, Japan

Korean edition is published by arrangement with SHOBUNSHA Co.,Ltd. through AMO Agency.

나를 돌보는 책

심리학이 알려주는 스트레스 관리법 100

이토 에미 지음 | 호소카와 텐텐 그림 | 김영현 옮김

다다
서재

여러분, 안녕하세요. 이 책을 펼쳐주셔서 진심으로 감사합니다. 지은이 이토 에미라고 합니다.

저는 심리 카운슬러(임상심리사 등 공인 자격을 갖고 있습니다)로서 약 30년 동안 심리학을 공부했고, 많은 사람에게 카운슬링을 제공했습니다. 가족 카운슬링을 할 때도 있지만, 보통 의뢰인과 1대1로 만나 고민을 듣고 괴로움에서 회복할 수 있게 도왔습니다. 의뢰인이 회복하고 건강해지는 과정을 함께하는 것은 저에게 더할 나위 없는 기쁨을 준답니다.

여기서 의뢰인이 '회복한다'는 말은 무슨 뜻일까요? 어떨 때 의뢰인이 '회복했다'고 말할 수 있을까요? 저는 '자기 돌봄self care'을 잘할 수 있을 때라고 생각합니다.

자기 돌봄이란 '내가 나를 잘 돕는다'는 뜻입니다. 카운슬링을 한 끝에 회복하여 건강을 되찾은 의뢰인은 모두 자기 돌봄이 무척 능숙해졌습니다. 자기 돌봄을 잘하게 되었기에 비로소 회복한 것이라고 바꿔 말할 수도 있겠죠. 자기 돌봄이야말로 회복의 '열쇠'인 것입니다. (참고로 지금 말하는 자기 돌봄에는 '누군가와 상담한다.' '누군가의 도움을 받는다.' 같은 것들도 포함됩니다. 자기 돌봄이란 '자기 홀로 고독하게 스스로를 돕는 것'이 아닙니다. 누군가와 서로 돕는 자기 돌봄이야말로 회복하는 데 중요한 요소입니다. 중요하니 꼭 기억해두시기 바랍니다.)

저는 카운슬러로서 줄곧 커다란 문제의식을 품고 있었습니다. 제가 직접 카운슬링을 해줄 수 있는 사람이 너무 적다는 것입니다.

카운슬러에게 의뢰인이 찾아와 차분하게 이야기를 나누고 상담하는 과정에는 시간과 에너지가 많이 듭니다.

한 차례 카운슬링을 한다고 눈에 띄게 회복하는 것도 아니지요. 의뢰인이 저와 여러 번 만나면서 이런저런 과제를 함께 끈기 있게 해내야 겨우 회복할 수 있습니다. 시간은 물론이고 돈도 필요합니다. 경제적 이유로 오지 못하는 분도 적지 않겠지요. 제 카운슬링 룸과 멀리 떨어진 곳에 거주하는 분들 역시 다니기 힘듭니다. 애초에 현재 예약이 가득 차 있어서 (진심으로 감사한 일입니다만) 여건이 되어 오고 싶어도 올 수 없는 분들이 많습니다.

물론 세상에 카운슬러가 저 혼자는 아닙니다. 저보다 뛰어난 카운슬러도 당연히 있지요. 다만 사회 전체를 보아도 힘들거나 고통스러운 사람, 즉 도움이 필요한 사람들에 비해 카운슬러는 너무 적습니다. 카운슬링을 받을 수 있는 여건이 되는 사람도 너무 적지요.

그래서 이 책을 써야겠다고 마음먹었습니다. 제가 30년간 카운슬러로 일하며 쌓은 경험과 지식에 기초해 자기 돌봄에 도움이 되는 사고방식과 구체적인 방법을 아낌없이 책에 담고 싶었습니다.

제가 지향하는 카운슬링을 전문적으로는 '스트레스 관

리' '인지행동치료' '마음챙김' '심리도식치료'라고 말합니다. 모두 실증적인 연구가 이뤄져 객관적 근거가 있는 이론이거나 치료법이지요. 단순히 일개 카운슬러가 '경험해보니 이게 좋더라!'라고 하는 것이 아닙니다. 객관적 연구를 거쳐 '효과가 있다'고 폭넓게 인정을 받은 이론과 방법만 여러분에게 소개하려 합니다.

물론 이 책을 읽는 게 프로 카운슬러를 만나서 하는 상담과 같을 수는 없습니다. 누군가는 '이 책을 읽는다고 직접 카운슬링을 받는 거랑 효과가 같을 리 없지.'라고 생각할지도 모르겠습니다. 그런데요, 사실 제 전문 분야인 인지행동치료는 카운슬러와 함께하든 책이나 인터넷 등을 보고 혼자 하든 효과에 큰 차이는 없다고 여러 연구에서 보고된 바 있습니다. 어느 쪽이든 제대로만 하면 모두 큰 효과를 얻을 수 있다는 것이지요. 그렇기에 '이 책 내용대로 하면 직접 받는 카운슬링과 효과가 비슷할 것이다.'라고 말할 수 있습니다. 게다가 이 책을 착실히 따라하는 것은 카운슬링보다 훨씬 저렴하고 일상생활에서 편할 때 할 수 있습니다. 그러니 희망을 품길 바랍니다.

앞서 적었듯 이 책의 바탕에는 스트레스 관리, 인지행동치료, 대처, 마음챙김, 심리도식치료 같은 이론과 치료법이 있습니다. 전부 꽤 전문적인 것이지요. 하지만 이 책을 쓸 때는 전문 용어를 줄이려 최대한 노력했습니다. (꼭 필요한 용어는 해설을 쓴 다음 최소한만 사용했습니다. 미리 양해 부탁드립니다.)

심신이 약해졌을 때나 괴로울 때는 글자를 읽기도 힘듭니다. 특히 긴 문장은 좀처럼 머리에 들어오지 않지요. 그래서 이 책에는 가능한 쉬운 단어와 간단한 문장을 쓰려고 노력했습니다.

물론 대충 썼다는 뜻은 전혀 아닙니다. 전문 용어는 없지만, 이 책을 처음부터 끝까지 잘 따라 하면 전문적인 심리학과 카운슬링의 지식과 기법 중 여러분에게 필요한 것을 익힐 수 있을 것입니다.

다만 한 가지만 미리 양해를 구하겠습니다. 이 책에 '외재화外在化'라는 전문 용어만은 자주 등장할 것입니다.

'외재화'란 몸과 마음에서 일어나는 현상을 종이에 쓰거나 스마트폰 메모장에 남기는 행위 등을 가리킵니다. 여러분의 몸과 마음 '안쪽'에서 일어난 일들을 종이나 스마트폰 같은 수단을 이용해 '바깥쪽'으로 '내보내는 것'입니다. 이런 행동을 심리학에서는 '외재화'라고 부릅니다.

'외재화' 작업은 다양한 의미에서 무척 중요하고 효과가 뛰어납니다. 이 책에는 '외재화'라는 단어가 종종 등장할 텐데, 부디 여러분도 이 단어만은 익숙하게 여겨주시길 바랍니다.

저는 이 글에서 '이 책을 따라 하다'라는 말을 했습니다. 왜 이런 표현을 썼는가 하면, 이 책은 '단순한 읽을거리'가 아니기 때문입니다. 제 목적은 이 책에서 소개하는 많은 활동을 여러분이 실제로 따라 하는 것입니다.

수학책을 읽기만 해서는 계산 실력이 늘지 않죠. 반드시 실제로 계산을 해봐야, 그러니까 따라 해야 합니다. 요리책도 책장만 넘긴들 요리 실력이 좋아지지는 않습니다. 한번 조리 과정대로 만들어봐야, 그러니까 따라 해야 하지요.

이 책도 수학책이나 요리책과 비슷합니다. 그저 읽는 것이 아니라 제가 소개하는 활동들을 실제로 따라 해보길 바랍니다. 물론 전부 따라 하지 않아도 괜찮습니다. 힘들고 괴로운 사람이 이 책에서 소개하는 활동을 전부 하기란 꽤나 어려울 테니까요. 이어서 소개하는「이 책을 따라 하는 법」을 읽고, 절대 무리하지 않으면서 가능한 만큼만 해볼까요. 오늘 할 수 있을 듯한 활동을 조금만 힘내서 꼭 해보길 바랍니다.

우리의 몸과 마음은 무척 정직합니다. 여러분이 이 책을 따라 하는 만큼 여러분의 몸과 마음은 조금씩 편해지거나 회복될 것입니다. 이 책에서 소개하는 활동들은 모두 극적인 효과를 일으키지는 않습니다. 그저 사소한 효과를 얻을 수 있을 뿐이지요. 그렇지만 '티끌 모아 태산'이라는 훌륭한 속담이 있듯이 사소한 효과들을 쌓다 보면 마지막에는 분명히 회복과 만날 수 있을 것입니다.

스트레스가 쌓여 힘든 사람, 몸과 마음이 무척 쇠약해

진 사람, 도움을 원하지만 어떡하면 좋을지 몰라 막막한 사람, 바쁜 일상에 쫓기다 보니 자기 돌봄에 대해 차분히 생각할 여유가 없는 사람, 유료 카운슬링을 받고 싶지만 경제적인 이유, 혹은 다른 이유로 받지 못하는 사람, 자신이 끌어안고 있는 괴로움에서 어떻게든 회복하길 바라는 사람… 이런 모든 사람의 자기 돌봄에 이 책이 도움이 되길 바랍니다.

이 책을 따라 하는 법

　이 책은 총 10장으로 구성되며, 각 장에서 10개씩 자기 돌봄 활동을 소개합니다. 즉 10×10=100으로 전체 100개의 활동이 실려 있습니다.

※ 이 책의 구성

1장 일단 진정하기

2장 누군가와 연결되기

3장 스트레스 요인을 깨닫고 써보기

4장 스트레스 반응을 깨닫고 써보기

5장 마음챙김 실천하기 1―신체, 행동, 오감에 집중하자

6장 마음챙김 실천하기 2―사고, 이미지, 감정을 깨닫고 해방하자

우선 여러분은 두 가지 '기준'을 사용해서 지금 내 몸과 마음이 어떤 상태인지 확인해주세요.

- 지금, 나는 얼마나 괴로운가.
- 지금, 나는 얼마나 행복한가.

첫 번째 기준을 '고통 점수', 두 번째 기준을 '행복 점수'라고 하겠습니다. 100점 만점으로 각각 숫자를 매겨볼까요. 그냥 직감으로 숫자를 적어도 괜찮습니다. 지금 매긴 두 가지 숫자가 현재 내 몸과 마음의 컨디션을 나타내는 것입니다. 이 책을 따라 하는 과정에서 꼭 두 기준에 맞춰 그때그때 자신의 컨디션을 확인하길 바랍니다. 이 책 말미에 '고통과 행복 기록표'가 있으니 거기에 적으면 되겠

지금, 나는 얼마나 괴로운가

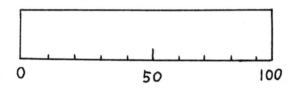

지금, 나는 얼마나 행복한가

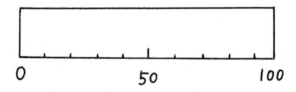

습니다. 스마트폰이나 수첩에 기록해도 좋고요. (이게 바로 '외재화'입니다.) 이 책의 목적은 여러분이 '고통 점수'에 적는 숫자가 점점 작아지는 것입니다. 그리고 '행복 점수'에 적는 숫자는 점점 커지는 것이지요.

혹시 지금 당신이 '고통 점수'에 90이 넘는 숫자를 적었다면 현재 당신은 더없이 괴로운 상태일 것입니다. 너무너무 괴로워서 겨우겨우 살아가는 상태일지도 모릅니다. 너무 혼란스러워서 자신이 무엇 때문에 괴로운지 잘 모를 수도 있습니다.

그런 상황이라면 당신은 무엇보다 진정부터 해야 합니다. 임시방편이라도 상관없으니 어쨌든 진정하고 자신을 되찾아야 합니다. 그리고 누군가의 도움을 반드시 받아야 합니다. 외톨이로 있어서는 안 됩니다. 최소한 '마음'을 외톨이로 두어서는 안 됩니다.

현재 '고통 점수'가 90점을 넘는 분은 1장 「일단 진정하기」에서 소개하는 활동 중 적어도 두세 가지, 그리고 2장 「누군가와 연결되기」에서도 두세 가지 이상을 실제로 따라 해주세요. '나를 위해서야!' '나를 돌보기 위해서야!' '일단 나부터 돕자!'라고 마음먹어주세요.

가능하면 1장과 2장에서 각각 '세 가지' 활동을 해보는 게 좋습니다. 세 가지 중 하나는 도움이 될 가능성이 높으니까요.

제가 소개한 활동들을 한 번만 따라 한들 아마 아무런 변화도 없을 것입니다. '이게 무슨 소용이야?' '역시 이런 걸로는 전혀 편해지지 않아.'라고 실망할 수도 있겠지요. 하지만 포기하지 말아주세요. 절망하지 말아주세요. 앞서 적었듯이 이 책에서 소개하는 활동의 효과는 무척 사소합니다. 오랫동안 했을 때 비로소 그 의미가 드러날 것입니다.

'고통 점수'가 90점 이상이라면 부디 1장과 2장에서 각각 두세 가지 활동을 골라서(되도록 세 가지가 좋아요!) 한 달 동안 매일 해주세요. 한 달 동안 했다면 다시 '고통 점수'와 '행복 점수'를 매겨서 자신의 컨디션을 확인해보세요.

‘고통 점수’가 조금이라도 낮아졌다면 지금껏 했던 것을 계속하면서 3장 이후로 나아갑시다. ‘고통 점수’가 똑같다면 다시 한 달 동안 그때까지 했던 것을 계속하든지, 1장과 2장에서 하지 않았던 새로운 활동들을 선택해서 (역시 되도록 세 가지씩) 따라 해봅시다. 그렇게 한 달이 지나면 다시 고통 점수와 행복 점수를 매겨서 자신의 컨디션을 확인하는 것입니다.

‘고통 점수’가 90점 이하인 분들은 어떻게 이 책을 활용하면 될까요. 1장 「일단 진정하기」는 건너뛰어도 괜찮습니다. 단, 살다 보면 언젠가는 ‘고통 점수’가 90점을 넘을지 모릅니다. 바로 그때 1장을 시험해보면 됩니다.

2장에서 소개하는 활동 중에는 지금 많이 괴롭지 않은 사람에게도 도움이 되는 것이 있습니다. 한두 가지라도 괜찮으니 할 만한 것을 해보면 좋겠습니다. 저는 2장 마지막에서 소개하는 ‘서포트 네트워크를 그려보세요’ 등을 추천합니다.

3장부터는 모든 독자가 순서대로 읽고 순서대로 따라 하길 기대하며 구성했습니다. 가능하면 3장부터는 차례차례 하나씩 따라 해보길 바랍니다. 하지만 '순서대로 하는 건 지겨운데.' '당기는 것만 해볼래.' '나는 마지막에 나오는 게 재미있는데.' 하는 분들도 있겠죠.

그런 분들은 마음 가는 대로 하고 싶은 걸 해도 전혀 상관없습니다. 순서에 상관없이 무작위로 하거나 마음 내키는 대로 해도 제대로 효과가 있게끔 구성했습니다. 그러니 어떤 순서로 따라 해볼지는 여러분 자유입니다.

다만 두 가지는 꼭 부탁하고 싶습니다. '읽는 데에서 나아가 실제로 따라 할 것!' '한 번만 하는 게 아니라 반복해서 여러 번 따라 할 것!' 한 가지 활동을 골랐다면 어쨌든 매일 해주세요. 적어도 일주일, 되도록 한 달은 계속해주세요. 그렇게 해서 '계속 따라 함으로써 얻는 사소한 효과'를 확인해주세요.

한 달 동안 계속했는데 아무 효과도 없는 활동은 이 책에 하나도 없습니다. 감질나고 초조할 수 있지만 계속해서 하는 것 자체에 큰 의미가 있습니다. 운동이나 악기 연습과 마찬가지입니다. 계속하는 것이 가장 중요합니다. 서두를 필요는 없습니다. 1, 2년 정도 걸려서 이 책 전체를 따라 하겠다고 생각해도 충분합니다. 전문가가 카운슬링을 해서 사람을 회복시키는 데에도 그 정도 시간은 걸리니까요.

마지막으로 현재 정신과에 다니거나 카운슬링을 받거나 무언가 도움을 받는 분들은 꼭 의사나 카운슬러나 도와주는 분에게 이 책 내용대로 해도 될지 미리 상의하길 바랍니다.

매우 드물 것이라 생각하지만, 혹 주치의가 "지금은 하지 않는 게 좋아요."라고 한다면 그 말을 따라주세요. 그리고 상태가 좀 좋아졌을 때 다시 이 책의 활동을 해도 괜찮을지 상담해보세요. 대부분은 "그렇게 하세요. 힘내세요."라고 응원해줄 것입니다.

기회가 있을 때마다 당신의 주치의나 카운슬러에게 이 책을 따라 하는 과정을 보고하고 응원을 받으세요. 부디 그분들에게 이 책을 따라 하는 당신의 서포터가 되어 달라 요청하세요. 혹은 가족, 친구, 회사 동료 등에게 서포터가 되어달라고 해도 괜찮습니다.

'서포터가 되어줄 사람이라곤 아무도 없는데.' 하는 분들도 실망하지 말아주세요.

제가 당신의 첫 번째 서포터입니다. 그러기 위해 제가 이 책을 썼습니다.

제가 언제나 당신을 응원한다는 사실을 잊지 마세요!

Contents

1장

일단
진정하기

해설

　'고통 점수'가 90점을 넘는 분은 우선 1장에서 소개하는 열 가지 활동 중 무엇이든 따라 해보세요. 동시에 2장의 활동도 함께 해봐야 합니다. 「이 책을 따라 하는 법」에 적었듯이 두세 가지 활동을 골라서 짧은 시간이라도 괜찮으니 매일매일 해주세요.

　'고통 점수'가 90점을 넘지 않아도 '아무튼 힘들어.' '진정이 안 돼.' 한다면 1장의 활동부터 해보세요. 일단 진정하고 자신을 되찾는 기술을 익히면 도움이 될 것입니다. 무엇보다 '나를 도울 거야!'라고 굳게 마음먹고 진지하게 하는 게 중요합니다.

'이게 다 무슨 소용이야!' '해봤자 쓸모없을걸.' 하는 생각이 든다면(괴로울수록 그런 생각이 드는 법입니다), 잠시 그 생각을 옆에 내려놓고 활동에 집중해보세요. 집중하기 어려우면 '집중하는 척'이라도 해볼까요. '척하다' 보니 어느새 진짜 집중하고 있었다, 하는 경우가 종종 있으니까요.

자신의 괴로움을 인정하고
받아들입니다

'괴로워!' '힘들어서 못 참겠어!' '어떡해야 할지 모르겠어!' '더는 살기도 싫어!' '이제 죽어버리고 싶어!' '너무 힘들어서 쓰러질 것 같아!' '이러다 미쳐버릴 거야!' '다 상관없어!' '나 좀 어떻게 해줘!' 등등…. 이 중에 무엇이든 상관없습니다.

'마음속의 외침'을 가두지 말고, 오른쪽 면 빈 말풍선에 커다랗게 써볼까요. 말풍선이 너무 작으면 곁에 있는 전단지 뒷면 같은 넓은 종이에 마구 휘갈겨 씁시다. 쓰는 것뿐 아니라 실제로 외쳐도 좋고요. 방 안에서든, 길을 걷다가든, 욕실이나 화장실에서든, 바다를 향해서든 외치는 겁니다. "괴로워!"라고요.

손으로 몸을 쓰다듬거나 다독여주세요

손으로 몸 어딘가를 부드럽게 쓰다듬거나 가볍게 두드려보세요. 몸과 마음의 괴로움이 좀 잦아들 거예요. 어느 부위를 쓰다듬거나 다독여도 상관없습니다. 머리, 목, 어깨, 쇄골 근처, 배, 엉덩이, 허벅지, 정강이, 무릎 등 다 괜찮답니다. 가능하면 눈을 감고 손의 무게와 온기 같은 손이 주는 상냥한 자극을 몸으로 느끼면서 한동안 계속해봅시다. "하나, 둘, 셋" 하고 숫자를 세면서 쓰다듬거나 다독이는 것도 좋고요.

하나, 둘, 셋, 넷, 숫자를 세면서

다치지 않을 정도로
몸에 강한 자극을 주세요

몸에 좀 강한 자극을 줘볼까요. 몸에 칼을 대는 등 '자해 행위'는 안 됩니다. '강한 자극'이란 다음과 같은 것들입니다. 손등이나 팔뚝 꼬집기, 얼음 쥐기, 얼음물에 양손 담그기, 손톱으로 두피 꾹 누르기, 주먹으로 허벅지 세게 누르기 등. 이 중 무엇이든 괜찮습니다. 그리고 자극을 느끼는 몸의 감각에 집중해봅시다. 그러면 혼란스러웠던 머리가 차분해질 거예요.

※**주의**: 이 활동의 목적은 '혼란을 가라앉히는 것'이지 몸에 고통을 주는 것이 아닙니다. 혹시 점점 자극이 강해져 자해 행위가 될 것 같다면 바로 활동을 중지하고 1장의 다른 활동을 해주세요.

몸의 중심을
아래쪽으로 낮춰보세요

괴로울 때, 힘들 때, 불안할 때, 우리 몸의 힘은 위를 향해 올라가는 경향이 있습니다. 그래서 숨이 차거나 어깨가 뻐근하거나 머리가 아픈 것이죠. 그 때문에 힘든 때일수록 몸의 힘과 중심을 의식적으로 아래를 향해 낮추는 것이 좋습니다. 이를 '그라운딩'이라고도 합니다.

예를 들어 의자에 앉아서 두 발바닥으로 바닥을 힘껏 누르기, 엉덩이에 힘을 꽉 주고 서서 대지를 굳게 디딘 양발을 느끼기, 슈퍼마켓에 가서 5킬로그램짜리 쌀 포대 들어보기, 무거운 물건을 들고 그 무게를 하반신으로 느끼기 등이 있습니다. 지구의 중력이 발아래에서 끌어당기는 걸 상상해도 좋습니다.

아래를, 더욱 아래를 의식한다

커다란 담요나 이불을
몸에 둘러보세요

뭐든 괜찮으니 부드럽고 커다란 것으로 내 몸을 폭 감싸면 안심되기도 하고 안정할 수 있습니다. 의자에 앉아서 담요를 머리나 어깨에 둘러도 되고, 이불 속을 파고들어서 몸을 둥글게 말아도 좋습니다(태아 자세라고도 하지요). 커튼으로 몸을 둘둘 감을 수도 있겠네요.

이러고 있으면 맘이 편해

몸 일부에 꾹 힘을 준 다음,
힘을 쭉 빼세요

양손 주먹을 불끈 쥐고 셋을 센 다음 쫙 손을 펴서 힘이 빠지는 감각을 느껴봅시다. 또는 양어깨를 힘껏 위로 올리고 셋을 센 다음 아래로 떨구며 힘이 빠지는 감각을 느껴도 좋고요. 아니면 양 손바닥을 가슴 앞에서 마주 대고 힘주어 서로 밀다가 셋을 센 다음 힘을 쫙 빼며 손바닥을 떼어도 괜찮습니다. 이런 것들을 '근이완법'이라고 합니다.

그 밖에 두 눈을 꾹 감고 셋을 센 다음 뜨거나 양쪽 귀의 윗부분을 손으로 잡아 위쪽으로 당기다가 셋을 세고 귀에서 손을 떼는 등 여러 방법이 있습니다.

힘을 준
상태에서

꾸~욱

힘이 빠지는
감각을 느끼자

쪽

일부러 크게
숨을 토해내세요

'한숨'이란 몸과 마음의 긴장과 피로를 덜기 위한 '우리 몸의 지혜'입니다. 그러니 의식적으로 한숨을 쉬는 것, 즉 일부러 크게 숨을 토해내는 것은 언제 어디서 어떤 상태라도 할 수 있는 최고의 자기 돌봄입니다. 부디 한두 번이 아니라 다섯 번, 열 번 크게 한숨을 쉬어보세요.

숨을 계속 들이쉬면 '과호흡'이라는 부작용이 일어날 수 있지만, 숨을 계속 내쉬는 것에는 아무런 부작용이 없습니다. 좋은 점밖에 없지요.

커다란 한숨은 최고의 자기 돌봄

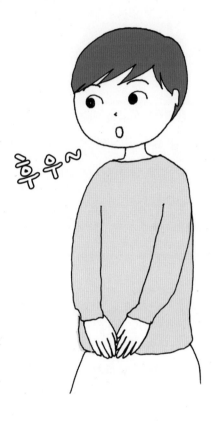

후우~

티슈를 찢거나 종이를 가위로 싹둑싹둑 잘라보세요

오로지 손만 쓰는 단순 작업을 하는 것도 마음을 진정시키는 데 도움이 됩니다. 티슈 한 장을 찢고 또 찢어서 '더 이상 못 찢겠다.' 싶을 만큼 작게 조각낸 다음 산처럼 쌓거나 (티슈 한 장을 버려야 하니 좀 아깝지만요) 쓸모없어진 종이(전단지, 영수증 등)를 가위로 싹둑싹둑 자르고 또 잘라서 '더 이상 못 자르겠다.' 싶을 만큼 작게 잘라도 좋겠죠.

그 외에도 완충재, 일명 '뽁뽁이'를 하염없이 터뜨리거나 한참 동안 정성스럽게 손을 씻거나 콩나물 뿌리를 하나씩 떼어내거나 채소를 잘게 다지는 등 어쨌든 손을 써봅시다.

티슈 한 장을 뽑아
찧고 또 찧자

뭔가를 꼭
껴안아보세요

'껴안기'라는 행위 자체에 사람을 진정시키는 큰 효과가 있습니다. 가족, 파트너, 친구를 끌어안아도 좋고, 반려동물이나 인형을 껴안는 것도 좋습니다. 자기 몸에 팔을 둘러 스스로를 안아도 되고요. 쿠션이나 베개도 괜찮습니다. 지나가던 사람이 '이상한 사람이야.'라고 생각할지 모르지만, 공원의 나무나 전봇대를 껴안아도 됩니다. (내가 진정 좀 하겠다는데, 이상한 사람이라고 생각하든 말든!)

껴안으면 마음이 편해져

꼬옥

화장실이든 어디든
다른 곳으로 피해보세요

　화장실 변기에 앉아서 시간을 보내는 것도 '일단 진정하기'에 중요한 역할을 합니다. 따뜻해지는 기능이 있는 변기라면 더더욱 좋겠지요.

　집 화장실이 아니어도 괜찮아요. 외출했다가 전철역, 쇼핑몰, 공원, 카페 등의 화장실에 잠깐 틀어박혀도 됩니다. (단, 다른 사람도 써야 하니 10분 정도가 한계겠지요.) 화장실이 아니어도 '지금 이 자리에서 벗어나 다른 곳으로 옮기는 것' 자체가 심리학적으로 무척 효과적인 방법입니다. (전문 용어로 '타임아웃'이라고 부릅니다.) '너무 힘들어. 못 참겠어!' 하는 생각이 들 때 그 괴로움을 어떻게 하는 것이 아니라 다른 곳으로 피해봅시다.

힘들면 화장실로 피난하자

변기가 따뜻하면 더욱 좋다

2장

누군가와
연결되기

해설

「들어가며」에 적었듯이 '자기 돌봄'이란 '내가 나를 잘 돕는 것'을 가리킵니다. 하지만 결코 '다른 사람의 도움 없이 홀로 자신을 도우라'는 말은 아닙니다. "자립이란 의존할 곳을 늘리는 것"이라는 명언이 있는데(구마가야 신이치로라는 의사가 한 말입니다. 그는 뇌성마비 당사 자이기도 합니다), 그 말처럼 우리는 서로 의존하고 의존 을 받아주는 관계 속에 있어야 비로소 자립해서 살아갈 수 있습니다.

'그렇게 말한들 나는 의존할 사람이 전혀 없는데.' 하는 분도 있겠죠. 중요한 것은 누군가에게 기대는 것이 아닙니다. 심리학에서는 의존할 사람 찾기, 마음속으로 누군가 떠올려보기, 인간이 아니라도 무언가와 함께 있기 등도 분명히 '누군가와 연결되는 것'이라고 말합니다. 그러니 중요한 것은 '마음을 외톨이로 두지 않는 것'입니다.

특히 '고통 점수'가 90점을 넘는 분은 절대 마음을 외톨이로 두지 마세요. 이어서 소개할 열 가지 활동 중 두세 가지라도 (가능하면 세 가지!) 누군가와 연결되기 위해 꼭 해보길 바랍니다.

'내 마음을 외톨이로 두지 않겠다'고 마음먹어요

'어차피 나는 혼자야.' '내 곁에는 아무도 없어.' '아무도 믿을 수 없어.' 하고 스스로 단정해버리는 생각은 위험합니다. 이런 생각은 마음속으로 자신을 괴롭히는 것(자학 행위)이나 마찬가지입니다. 우선 나를 위해 굳게 마음먹읍시다. '적어도 내 마음은 외톨이로 두지 않겠다'고요.

가령 지금 주위에 당신을 도와줄 만한 사람이 없다고 해도 마음까지 고독하게 둘 필요는 없습니다. 그리고 나중에 말씀드리겠지만, 날 도와주는 것은 꼭 '사람'이 아니어도 괜찮습니다.

어쨌든 먼저 '나를 외톨이로 두지 않겠어.' '나는 누군가의 도움을 받을 만해.' '다른 사람한테 도움을 구해도 괜찮아.' '누군가(무언가) 반드시 나를 구해줄 거야.' 하고 마음속에 새겨주세요. 그런 다음 이어지는 활동들을 실천해봅시다.

낯이 익은 존재를
떠올려볼까요?

사실 '외톨이'로 살아가는 사람은 아무도 없습니다. 완벽한 은둔형 외톨이로 집에만 있다 해도 그렇죠. 사람이라면 누구나 무언가를 먹지요? 먹거리를 생산한 사람, 가게까지 운반한 사람, 가게에서 판매한 사람이 있기에 우리가 무언가를 먹을 수 있습니다.

이렇게 간접적인 관계가 아니라도 여러분에게는 '조금 낯익은 존재'가 있지 않나요? 편의점이나 슈퍼마켓의 직원, 눈인사 정도는 하는 이웃, 전철역의 역무원, 파출소의 경찰, 동네의 길고양이(저도 근처 아파트 정원에 사는 검정 길고양이를 무척 좋아한답니다!), 공원에서 자주 보는 아이와 노인, 베란다에 놀러 오는 참새나 까치.

직접적이고 깊은 관계가 아니어도 괜찮으니 조금 낯익은 존재를 떠올리며 적어봅시다. 그러면 나는 '외톨이'가 아니었으며 사회적인 네트워크 속에서 살아왔다는 사실이 이해될 것입니다.

낯익은 사람이나 동물,
뭐가 있더라?

좋아하는 사람, 좋아했던 사람, 선망하는 사람을 그러모아 떠올려보세요

누구에게나 좋아하는 사람, 아니면 예전에 좋아했던 사람, 혹은 선망하는 사람(현재든 과거든)이 있을 것입니다.

직접 아는 사이이든, 책이나 영화에서 보았든, 좋아하거나 선망하는 사람이라면 누구든 괜찮습니다. 실제 인간이 아니라 영화나 게임의 캐릭터라도 상관없고요.

그런 사람과 캐릭터를 그러모아서 차례차례 머릿속으로 떠올려봅시다.

좋아하는 사람을 떠올려보자

좋아하는 캐릭터는?
동물은? 인형은?

앞서 활동 3에서도 캐릭터를 살짝 얘기했지만, 여기에서는 좋아하는 캐릭터를 전부 모아보겠습니다. 무민, 포켓몬, 곰돌이 푸… 뭐든 상관없습니다.

반려동물이 있는 분들은 동물도 매우 소중한 가족이지요. 예전에 함께했던 동물을 떠올려도 좋습니다. (저는 '키짱'이라는 왕관앵무를 기른 적이 있는데 엄청 예뻤답니다!) 소중히 다루는 (혹은 과거에 소중히 다뤘던) 인형도 빠뜨릴 수 없겠죠. (저는 '가마키치'라는 고릴라 인형을 무척 아낍니다! 카멜레온 인형인 '카메', 코끼리 인형인 '조' 같은 가마키치의 동생들도 있고요! 얼마나 귀여운지 여러분께도 보여드리고 싶네요.)

좋아하는 캐릭터에
둘러싸이면
행복해

서포트 자원에 대한 정보를
모아볼까요?

상담을 해주거나 나에게 도움을 줄 듯한 전문가와 기관을 닥치는 대로 찾아봅시다. 지금은 스마트폰이나 컴퓨터를 이용해 정보를 모을 수 있는 편리한 시대이지요. 전문가와 기관이 믿음직한지 검색만 해보면 알 수 있고, 그 외에 온갖 정보가 인터넷에 넘쳐납니다. 우선 정보들을 한데 모아서 노트에 써보거나 스마트폰에 메모하는 등 기록해둡시다.

꼭 인터넷이 아니어도 됩니다. 관공서에 문의하거나 주위에 물어볼 수도 있겠죠. 아무튼 여러 방법을 이용해서 정보를 모아보는 겁니다. 모아놓은 정보를 보기만 해도 '이 사람들은, 이 기관들은 나를 도와줄 거야.' 하고 마

음이 든든해집니다. 나와 비슷한 고민을 하는 사람들이
모이는 '자조 모임'을 찾아보는 것도 좋은 방법입니다.

서포트 자원을 찾아 적어보자

○○병원 □□선생님

△△병원 ××복지사

지자체의 정신건강복지센터

정신건강 위기상담전화

카카오톡 심리상담

무료법률상담센터

◇◇ 전화 상담

☆☆ 자조 모임

인권상담조정센터

상담을 예약하고 준비해서
실제로 해보는 거예요

활동 5로 정보를 모았다면 현실적으로 어떤 자원을 쓸 수 있을지, 무엇이 나에게 도움이 될지 등을 검토해보고 실제로 상담을 예약합시다. 혼자 선택하지 못하겠다면 다른 사람에게 함께 살펴봐달라고 해도 됩니다.

물론 좀 수상한 사람이나 기관도 있겠죠. 걱정된다면 처음에는 되도록 공적인 기관에 연락해봅시다.

예약한 다음에는 상담을 준비해야 합니다. 빈손으로 가기보다는 지금 자신이 무엇 때문에 힘든지 어떤 걸 상담하고 싶은지 등을 구체적으로 적어서 가는 게 상담해주는 사람과 상담을 받는 사람 모두에게 유익합니다.

이제 상담을 받으러 갈 차례입니다. 이메일, 메신저,

전화 등으로 하는 상담이라면 집에서 해도 상관없겠죠. 상담을 마친 다음에는 효과가 있든 없든 누군가에게 상담을 요청한 자신을 칭찬합시다. '누군가와 상담한다'는 것 자체가 무척 중요한 자기 돌봄이거든요. 중요한 일을 해냈으니 스스로 축하해도 됩니다.

상담은
중요한
자기 돌봄

포기하지 말고 '그런대로 신뢰가 가는 사람'을 찾아보세요

처음 상담해본 사람이나 기관이 당신에게 필요한 도움을 정확하게 주었다면 대단히 운이 좋은 것입니다. 실은 첫 상담에서 충분히 만족스러운 결과를 얻는 경우는 그리 많지 않거든요. 그러니 첫 상담에 별로 만족하지 못했다 해도 마음 약해지지 말고 다음 상담, 또 다음 상담을 계속해서 받아야 합니다. 같은 사람이나 기관에서 계속 상담을 받아도 되고, 상담 상대나 기관을 바꿔도 괜찮습니다.

어쨌든 포기하지 않아야 합니다. 계속 찾다 보면 반드시 당신을 도와주고 지지해줄 사람을 발견할 수 있습니다. 그리고 상담을 계속 받음으로써 당신 자신의 '상담력'

도 길러질 것입니다. 상담력이 늘어날수록 의지할 만한 사람이나 기관을 찾기가 쉬워진답니다. 그러니 좀처럼 신뢰가 가는 사람이나 기관을 찾지 못해도 포기하지 마세요. 오히려 '내 상담력을 기를 좋은 기회야.'라고 생각하며 상담이라는 행동 자체를 계속합시다.

포기하지 말고 계속 찾자

SNS를
활용해보세요

오늘날에는 트위터, 인스타그램, 페이스북 등 SNS를 활용해서 새로운 서포트 자원을 개척할 수 있게 되었죠. 단, SNS는 부담 없이 가볍게 할 수 있는 만큼 나에게 해를 끼치는 정보와 마주치거나 모르는 사람과 얽혀 부정적인 일을 겪을 위험성도 있습니다. 그런 위험에서 스스로를 지키며(좀 이상한 사람은 바로 차단하기 등) 나를 도와줄 사람, 혹은 서로 도움을 주고받을 수 있는 사람과 관계를 맺어봅시다. 그렇게 SNS에 서포트 공간을 만드는 것도 중요한 자기 돌봄입니다.

실제로 저는 예전에 가족의 병 때문에 눈앞이 캄캄해져서 심각한 스트레스를 받은 적이 있습니다. 그때 한

SNS를 이용해서 사람들에게 도움을 구했는데, 유익한 정보와 조언을 얻을 수 있었답니다.

위험한 사람에게서는
일단 떨어지세요

나를 도와주고 지탱해주는 사람도 있지만, 한편으로는 해를 끼치는 위험한 사람도 있습니다. 그래서 우리는 주의 깊게, 때로 경계하면서 사귈 사람과 상담할 사람이나 기관을 골라야 합니다. 나한테 위험하다고 판단되는 사람에게서는 한 걸음 물러서거나 아예 멀리 떨어져서 자신을 지켜야 하고요. '내게 위험한 사람은 누구일까?' 생각해보고 오른쪽 면의 표에 적어봅시다. 그리고 어떻게 해야 그 사람에게서 물러서거나 멀리 떨어질지 구체적인 방법도 써보세요.

나한테 위험한 사람은 누구?

서포트 네트워크를 그려보세요

앞선 아홉 가지 활동들을 종합해서 오른쪽 면에 나 자신의 서포트 네트워크를 외재화할 차례입니다. 노트에 서포트 네트워크를 그렸다면 주머니 속에 넣고 다니며 틈날 때마다 꺼내 보세요. 외재화한 서포트 네트워크를 보는 것만으로도 '나는 외톨이가 아냐.' '나를 도와주는 존재들이 있어.'라고 생각할 수 있습니다. 그리고 도와주는 사람이나 기관이 새롭게 늘어나면 바로바로 네트워크에 추가해주세요.

나의 서포트 네트워크

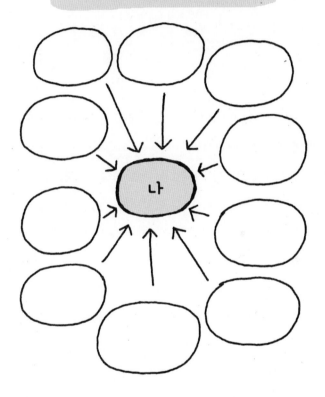

나

스트레스 심리학에 대해서

3장으로 넘어가기 전에 '스트레스 심리학'에 대해 잠깐 설명하겠습니다.

다만 '고통 점수'가 90점을 넘은 분들은 서둘러 1장과 2장의 활동부터 따라 하길 바랍니다. 물론 90점보다 낮은 분들에게도 앞서 소개한 스무 가지 활동은 무척 도움이 될 터이니 한번 해보길 권합니다.

이어지는 3장에서 7장까지는 스트레스 심리학, 마음 챙김, 대처 등의 이론과 기법에 기초한 자기 돌봄 방법을 구체적으로 알려드릴 것입니다. 그러기 전에 지금 그 이론들에 대해 간단히 해설하겠습니다.

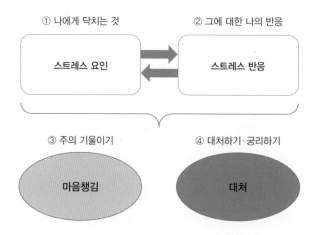

① 나에게 닥치는 것　② 그에 대한 나의 반응

스트레스 요인　　　스트레스 반응

③ 주의 기울이기　④ 대처하기·궁리하기

마음챙김　　　대처

스트레스 모델, 마음챙김, 대처의 관계를 나타낸 표.

표와 함께 살펴보겠습니다.

①에 있는 '스트레스 요인'이란 우리에게 닥치는 '자극' '사건' '변화' 등을 말합니다. 달리 말해 '스트레스의 원인'이 되는 것들이지요. 간단한 예를 들면 '방금 전까지 맑았는데 갑자기 비가 쏟아진다.' 같은 사건이 스트레스 요인에 해당합니다.

②의 '스트레스 반응'은 '스트레스 요인'과 맞닥뜨린 우리의 몸과 마음에서 일어나는 반응을 가리킵니다. '갑자기 쏟아지는 비'라는 사건이 스트레스 요인이라면 '어? 비 오네. 짜증 나. 옷이랑 가방 젖잖아!'라고 불쾌해하는 것은 스트레스 반응입니다. 또 '비를 맞아 옷, 가방, 머리카락이 흠뻑 젖었다.'라는 사실도 스트레스 반응이지요. 비를 맞아서 몸이 차갑게 식었다면 그 역시 스트레스 반응이고요. 그리고 몸이 젖었기 때문에 '감기 걸리면 어떡하지. 내일 일도 못 쉬는데.' 하고 걱정하는 것도 스트레스 반응입니다. 이처럼 우리의 몸과 마음은 스트레스 요인이 닥칠 때마다 정말 갖가지 반응을 보입니다.

③의 '마음챙김'은 스트레스 요인과 스트레스 반응에 '주의를 기울이는 것'입니다. 간단히 말하면 온갖 스트레스 요인이나 스트레스 반응을 좋다/나쁘다, 좋아한다/싫어한다, 올바르다/그릇되다 등으로 판단하지 않고, 뭐가

닥치든 어떤 반응이 일어나든 주의를 기울여서 '흠, 그렇구나. 그런 거였구나.' 하고 있는 그대로 받아들이는 기술입니다. 마음챙김에 대해서는 5장과 6장에서 좀더 자세히 설명하겠습니다.

본래는 스트레스뿐 아니라 우리가 겪는 모든 경험에 대해 마음챙김을 할 수 있습니다. 스트레스에 한정해서 보면, 스트레스 요인과 스트레스 반응에 대해 '음, 비가 오네.' 또는 '음, 지금 비가 와서 싫다고 생각했구나.' 또는 '음, 지금 비에 맞아 머리카락이 젖는 게 느껴졌어.' 또는 '음, 지금 감기에 걸릴까 봐 걱정했어.' 하는 식으로 있는 그대로 받아들이는 것이 마음챙김입니다.

④의 '대처'는 스트레스 요인과 스트레스 반응으로부터 스스로를 구하기 위해 대책을 찾고 실행하는 것입니다. 비가 내리면 편의점에 뛰어가서 우산을 사거나 '요즘 건조했으니까 이 정도 비는 내리는 게 좋지.' 하고 다르게

생각하거나 집에 돌아가서 차가워진 몸이 따뜻해지도록 반신욕을 하는 것 등이 대처에 해당합니다.

다시 한 번 정리하면 '스트레스 요인'은 나에게 닥치는 상황(3장 참조)이고, '스트레스 반응'은 스트레스 요인과 마주한 우리 몸과 마음에 일어나는 반응(4장 참조)입니다. '마음챙김'은 스트레스 요인과 스트레스 반응에 주의를 기울여 '음, 그렇구나.' 하고 받아들이는 것(5장과 6장 참조)이며, '대처'는 스트레스 요인과 스트레스 반응으로부터 자신을 구하기 위해 대책을 마련하고 실행하는 것(7장 참조)입니다. 지금 설명한 네 가지 개념의 정의를 머릿속 한편에 담아두고 3장부터 7장까지 차근차근 따라 해보면 좋겠습니다.

3장

스트레스 요인을
깨닫고 써보기

해설

앞서 말했듯 '스트레스 요인'이란 우리에게 닥치는 자극, 사건, 변화 등을 가리키는 말입니다. '스트레스의 원인'이라고 할 수도 있지요. 앞에서는 '갑자기 쏟아지는 비'라는 단순한 예를 들었는데, 살아가다 보면 평범한 일상에서도 수많은 스트레스 요인이 우리에게 갑자기 들이닥칩니다.

스트레스 심리학에서 밝혀낸 바에 따르면 스트레스 요인 하나하나를 눈치채는 것, 그 스트레스 요인을 내버려두지 않고 우선 외재화하는 것(써보는 것)에 많은 효과가 있습니다. 즉 스트레스 요인을 깨닫고 써보는 것 자체가 의미 있는 자기 돌봄인 셈입니다.

　이번 3장에서는 나에게 닥치는 수많은 스트레스 요인에 주의를 기울이고 써보는 열 가지 활동을 소개합니다. 자신에게 맞는 것을 골라 해보길 바랍니다.

스트레스 요인을 깨닫습니다.
특히 사소한 것에 주의하세요

우선 스트레스 요인 자체를 깨닫는 게 중요합니다. 깨달아야 대처할 수 있기 때문이지요.

당연하지만 스트레스 요인이 중대하고 심각할수록 깨닫기 쉽습니다. 예컨대 교통사고를 당해 입원했다든지, 직장에서 잘렸다든지, 가족끼리 크게 싸웠다든지 하는 일들이지요.

그 정도로 심각하지 않은 일도 있겠죠. 지하철에 휴대전화를 놓고 내렸다든지, 내일이 마감인 보고서나 숙제가 있다든지, 직장 상사나 부모님에게 잔소리를 들었다든지 하는 중간 정도의 스트레스 요인도 쉽게 눈치챌 수 있습니다.

스트레스 심리학에서는 중간 정도의 스트레스 요인부터 깨닫기 시작해 점점 더 사소한 것도 깨달을 수 있게 되는 것이 매우 중요하다고 강조합니다.

사소한 스트레스 요인이란 무엇일까요? 음, 앞서 예로 든 '갑자기 내리는 비' 정도가 사소한 것 같습니다. 사소한 요인은 '누군가와 싸운 것'이 아니라 '누군가와 미묘하게 어긋나는 것'입니다. 마찬가지로 '빚을 낸 것'이 아니라 '생활비가 아슬아슬해서 과자를 살 수 없는 것'입니다. 그리고 '쓰레기로 가득한 집'이 아니라 '먼지가 좀 쌓여 있는 현관'입니다.

'그렇게 사소한 일을 스트레스 요인이라고 해도 돼요?' 이런 의문을 품는 분이 있을지도 모르겠습니다. 의문을 품어도 괜찮습니다. 의문을 품는 것에서 시작하면 됩니다. 바로 앞서 이야기했듯이 심리학에서는 사소한 스트레스 요인이야말로 깨닫는 것에 의미와 효과가 있다고 말합니다. '아, 나한테는 이게 스트레스를 주었구나.' '아, 나는 이게 맘에 걸렸던 거구나.' 하고 미처 모르던 스트레스 요인을 알게 되니까요.

3장의 활동 3부터는 스트레스 요인을 깨닫기 위한 단서를 드릴 것입니다. 그 단서에 기초해 여러분은 실제로 자신이 겪고 있는 스트레스 요인을 글로 적어보길 바랍니다. (이게 바로 외재화입니다.) 외재화를 통해 크고 심각한 원인뿐 아니라 중간 정도, 나아가 더 작은 원인도 찾아보면 좋겠습니다.

너무 위험한 스트레스 요인이 닥치면 있는 힘껏 도망치세요

활동 3부터는 다양한 방식으로 '스트레스 요인을 깨닫고 적어보기'를 할 것입니다. 그런데 만약 나한테 닥친 스트레스 요인이 위험천만하다면 그때는 어떡해야 할까요? 그럴 때는 '깨닫고 적어보기' 같은 걸 느긋하게 해서는 안 됩니다. 짧게 한마디면 됩니다. "도망쳐!" 그러니 너무 위험하다는 생각이 들면 반드시 힘껏 도망치든지 2장의 활동들을 활용해 도움을 요청해야 합니다.

위험천만한 스트레스 요인이란 '누군가에게 폭력을 당하고 있다.' '폭행 현장을 목격하고 있다.' '스토커가 따라다닌다.' '누군가에게 사기를 당했다.' '범죄자에게 피해를 입었다.' '성추행이나 집단 괴롭힘을 당했다.' 등을 말

합니다. 그런 일이 닥치면 도망치고, 도움을 청해서, 일
단 자신을 지켜야 합니다.

물리적인 스트레스 요인을 깨닫고 써보세요

물리적인 스트레스 요인은 나의 외부에 존재하여 나와 직접 관계를 맺지는 않습니다. 예를 들어 '비가 내린다.' '날씨가 덥다.' '차들이 시끄럽다.' '의자가 딱딱해서 엉덩이가 불편하다.' '뒤차가 난폭하게 앞질렀다.' 등이 물리적인 스트레스 요인입니다.

물리적 스트레스 요인의 가장 큰 특징은 물리적이기에 '내 힘으로는 어떻게 할 수 없다'는 것입니다. 비를 그치게 하거나 딱딱한 의자를 부드럽게 바꿀 수는 없으니까요. 어떻게 할 수 없지만 실은 그 존재를 깨닫고 써보는 것만으로도 조금은 변화가 일어납니다. 그러니 당신이 겪고 있는 물리적인 스트레스 요인을 종이에 적어봅시다.

스트레스 요인을 적어보자

가정, 가족, 가사, 육아, 간병과 관련한
스트레스 요인이 있나요?

가정과 가족은 나를 도와주고 지탱해주는 소중한 존재입니다. 하지만 한편으로는 스트레스를 주는 존재가 되기도 하지요. 정말 소소해도 괜찮으니 가정, 가족과 관련한 스트레스 요인에 주의를 기울이고 적어보세요.

예 : 남편이 잔소리를 한다. 옷이 어질러져 있다. 공과금 납부가 연체되었다. 아이가 변명과 핑계만 늘어놓는다. 몸이 아픈 엄마가 늘 기분이 나쁘고 불평만 한다.

일이나 학업과 관련한
스트레스 요인이 있나요?

일이나 학업과 관련해서는 어떤가요? 일과 공부를 하다 보면 보람과 성취감과 기쁨을 느끼는 순간이 많지만, 그 와중에 많은 스트레스가 나를 힘들게 하기도 합니다. 커다란 스트레스 요인부터 작디작은 스트레스 요인까지 떠오르는 대로 써봅시다.

예 : 회사가 멀어서 출퇴근이 힘들다. 나랑 맞지 않는 동료가 있다. 유니폼이 맘에 안 든다. 월급이 적다. 상사의 재미없는 농담에 웃어줘야 한다. 교칙이 너무 엄격하다. 진상 고객이 있다.

인간관계와 관련한
스트레스 요인이 있나요?

　우리는 인간관계에서도 수많은 스트레스와 마주칩니다. 이번에는 인간관계와 관련해 생각나는 스트레스 요인을 적어봅시다. 이미 활동 4와 5에서 적었던 것이라도 괜찮습니다. 거리낌 없이 떠오르는 모든 스트레스 요인을 외재화하세요.

예 : 아내의 잔소리가 심하다. 내 인사를 받아주지 않는 이웃이 있다. 동료가 내 험담을 하는 것 같다. 연인에게 차였다. 친구가 휴대전화 메시지를 너무 자주 보낸다.

생활이나 돈과 관련한
스트레스 요인이 있나요?

생활이나 돈과 관련한 스트레스도 적지 않을 것입니다. 이번에도 아주 사소한 것까지 써보는 게 좋습니다.

예: 더 저금하고 싶은데 할 수 없다. 아이 학원비가 너무 많이 나간다. 편의점에서 자꾸 쓸데없는 걸 산다. 대출금을 갚기가 힘들다. 분리수거 시간을 자꾸 놓친다. 집 안이 더럽다. 위층 아이가 자꾸 뛰어서 시끄럽다.

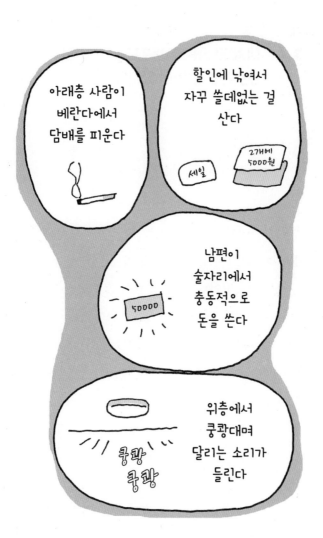

아래층 사람이
베란다에서
담배를 피운다

할인에 낚여서
자꾸 쓸데없는 걸
산다

세일

2개에
5000원

남편이
술자리에서
충동적으로
돈을 쓴다

50000

위층에서
쿵쾅대며
달리는 소리가
들린다

쿵쾅
쿵쾅

내 몸과 마음 또는 건강과 관련한 스트레스 요인이 있나요?

내 몸과 마음은 '외부에 있는 물리적 환경'이 아니긴 합니다. 하지만 내 의지와 상관없이 몸과 마음에서는 수많은 현상들이 일어나지요. 그 역시 스트레스 요인으로 여기며 떠오르는 대로 적어봅시다.

예 : 최근 살이 쪄서 옷이 꽉 낀다. 충치가 있는데 치과에 갈 틈이 없다. 요즘 우울하기만 하다. 미래의 일을 생각하면 걱정만 든다. 소화 불량이 잦다. 매일 비슷한 시간에 두드러기가 돋아서 온몸이 가렵다.

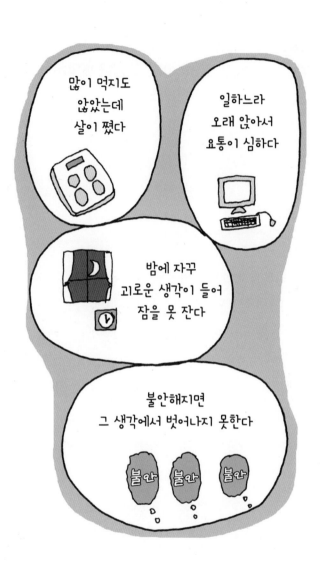

당신의 트라우마나 욕망을 깨우는
계기는 무엇인가요?

당신에게 트라우마가 있다면, 일상에서 그 기억을 갑자기 떠올리게 하는 것이 있을지 모릅니다. 당신에게 의존증이 있다면, 즉 그만두고 싶은데 그만두지 못하는 대상이 있다면 (알코올, 도박, 쇼핑, 약물, 게임 등) 그 의존하는 대상에 대한 강한 욕망을 불러일으키는 것도 있겠지요. 트라우마나 욕망이 깨어날 때는 무언가 '계기'가 있게 마련입니다. 그 계기도 스트레스 요인으로 여길 수 있습니다. 유심히 관찰해서 어떤 계기가 트라우마나 욕망을 깨우는지 알게 되면 적어보세요.

예 : 피해를 당한 날짜가 다가온다. 거리에서 크리스마스

캐럴이 들린다. 남성 화장품의 냄새. 주류 시음 코너. 인스타그램에서 맘에 드는 옷을 발견했을 때. 외로울 때. 배고플 때. SNS에서 즐거워하는 친구의 사진을 봤을 때.

일상에서 스트레스 요인에 주의를
기울이며 '스트레스 일기'를 써봅시다

이제는 여러분도 아실 거라 생각합니다만, 사소한 것들까지 포함하면 우리의 일상은 온갖 스트레스 요인들로 가득 차 있습니다. 극단적으로 말해 스트레스가 사라지는 날이 바로 우리의 생명이 다하는 날이라고 할 수 있지요.

살아가는 한 스트레스는 있을 수밖에 없습니다. 그러니 스트레스 요인을 무리해서 없애려 하지 말고, 눈을 돌려 외면하지도 마세요. 중요한 것은 스트레스 요인 하나하나에 주의를 기울여서 '아, 지금 나한테는 이런 스트레스 요인이 있구나.' 하고 받아들이며 외재화하는(직접 적어보는) 자세입니다.

앞서도 말했지만 스트레스 요인을 매일매일 관찰해서 적어두기만 해도 자기 돌봄 효과가 있다는 것을 심리학이 이미 밝혀냈습니다. 그러니 부디 '스트레스 일기'를 매일매일 써보길 바랍니다. 외재화를 습관으로 만드는 것이죠.

책 말미의 부록에 '스트레스 일기'가 있는데, 잔뜩 복사해서 활용해주세요. 아니면 스마트폰이나 컴퓨터의 메모장에 스트레스 요인을 깨달을 때마다 적어두는 것도 좋겠죠. 그것도 아니면 트위터 등에 비공개 계정을 만들어서 그때그때 마음껏 외재화하는 방법도 있습니다. (실은 저도 트위터를 이용하고 있답니다! 비공개에 팔로워도 0명이라 누군가 볼까 걱정할 필요가 없지요.)

4장

스트레스 반응을
깨닫고 써보기

해설

 스트레스 요인을 눈치챌 줄 알게 되었다면, 이제 스트레스 요인으로 인해 우리 몸과 마음에서 일어나는 여러 '스트레스 반응'에 주의를 기울일 차례입니다. '갑자기 쏟아지는 비'라는 스트레스 요인이 닥치면, 우리는 싫다고 생각하거나 불쾌해하거나 몸이 젖거나 급히 비를 피하는 등의 반응을 반드시 보입니다. 스트레스 요인에 주의를 기울였듯이 그런 반응들을 세심하게 바라보세요. 그러고는 역시 스트레스 요인처럼 외재화, 즉 직접 적어보세요.

 스트레스 요인에 대해 그랬듯이 스트레스 반응도 처음부터 없애려고 하지는 마세요. 그저 '나한테 이런 스트레스 반응이 일어나고 있구나.' 하고 주의를 기울인 다음 이해하거나 외재화하는 것이 중요합니다. 그러는 것 자체가 자기 돌봄으로 이어진다고 심리학에서도 이야기합니다.

여러분이 꼭 기억했으면 하는 것이 있습니다. 바로 '모든 스트레스 반응은 나를 지키기 위한 정상적인 현상'이라는 사실입니다. 인간뿐 아니라 모든 생물은 '살아남기 위해 몸과 마음에 스트레스 반응이 일어나도록' 설계되어 있습니다. 트라우마 반응(플래시백, 해리, 동결 등)도 마찬가지이지요. 그러니 '이런 일로 스트레스 반응을 보이다니 이상해.' '다들 괜찮은 일에도 스트레스 반응을 보이는 내가 나약한 사람이야.' 하며 자책하지 않길 바랍니다. 우선 내게서 스트레스 반응이 일어나고 있음을 인정하고 받아들이는 것부터 시작하세요.

스트레스 반응을 받아들인 다음 어떡하면 좋을지는 마음챙김(5장과 6장)과 대처(7장)에 대해 다루면서 다양한 방법들을 소개하겠습니다.

우선 스트레스 요인과 마주한 내 몸과 마음에 변화나 반응이 일어나고 있음을 깨닫습니다

여러분은 이제 무엇이 '스트레스 요인'인지 알 수 있을 것입니다. 자신에게 닥친 스트레스 요인을 눈치챘다면, 곧바로 내게 어떤 변화나 반응(스트레스 반응)이 일어났는지 생각하면서 내 몸과 마음에 주의를 기울여봅시다. 분명 스트레스 요인이 당신의 몸과 마음에 무언가 변화를 일으켰을 것입니다. 위화감, 불쾌감, 조바심, 중압감, 싫증, 아픔 등을 알아채는 연습을 하세요. 우선은 대충이라도 괜찮습니다. 무언가 변화나 반응이 일어났다는 것만이라도 깨달으면 됩니다.

스트레스 반응은 스트레스 요인이 닥친 다음 일어나는 것입니다. 하지만 우리는 반대로 내 몸과 마음에 일어

난 어떤 스트레스 반응을 먼저 눈치챌 때도 있습니다. 그러면 '아, 혹시 지금 스트레스를 느끼는 건가? 이유가 뭘까? 아까 그 일 때문일까?' 하며 거슬러 오르듯이 스트레스 요인을 찾아볼 수 있지요. 우리의 몸과 마음은 생각 이상으로 현명하며 민감합니다. '머리'로는 눈치채지 못한 것도 때로는 몸과 마음이 센서가 되어 먼저 반응해주기 때문에 우리는 자신의 스트레스 요인과 스트레스 반응을 알아챌 수 있습니다. 그러니 무엇보다 자신의 몸과 마음에 세심하게 주의를 기울여서 사소한 변화나 반응도 놓치지 않는 것이 중요합니다.

스트레스 반응에
대충 이름을 붙여주세요

자기 자신의 몸과 마음에서 일어나는 반응을 눈치챘다면, 그 반응에 '이름'을 지어줄 차례입니다. 대충 떠오르는 대로 붙여도 상관없습니다.

가령 '위화감' '조바심' '짜증'이라고 지어도 됩니다. 또는 '몸의 아픔'이나 '술렁이는 마음'이나 '왠지 모를 불안함' 등도 괜찮고요. 적당한 이름을 짓기 어렵다면 '뭔지 몰라도 뭔가 일어난다' 혹은 '수수께끼 같은 스트레스 반응'이라고 불러도 전혀 문제가 없습니다. 어쨌든 모처럼 알게 된 자신의 스트레스 반응에 '타이틀'을 붙여주세요.

스트레스 반응의 '크기'와 '무게'에 대강 숫자를 매겨보세요

스트레스 반응에 이름을 붙인 다음에는 '크기'와 '무게'를 가늠해봅시다. 가장 큰 스트레스 반응을 '100'이라고 가정하고 지금 느끼는 반응은 어느 정도인지 생각해보는 것입니다. 50? 70? 90? 아니면 15나 20?

원그래프나 막대그래프를 활용해서 표현해보는 것도 좋겠죠. 어쨌든 숫자를 매겨보면, 몸과 마음에 일어난 스트레스 반응의 크기와 심각함을 새삼 객관적으로 파악할 수 있습니다.

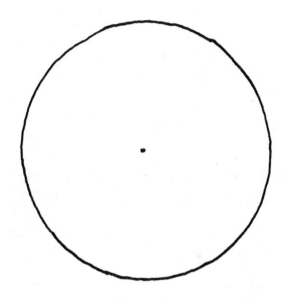

내 스트레스 반응의 크기는 어느 정도?
원그래프에 한번 그려보자

인지행동치료에 대해서

자, 이쯤에서 '인지행동치료'라는 심리학적 접근법에 대해 간단히 설명하겠습니다. 73면에서 보았던 표 중 일부를 가져오겠습니다. 스트레스 체험에 대해 설명하는 부분입니다. 여러 차례 이야기했듯이 나에게 닥치는 것을 '스트레스 요인', 그에 대한 몸과 마음의 반응을 '스트레스 반응'이라고 부릅니다. 여러분은 자신의 스트레스 반응에 이름을 붙여보았고, 이제는 그 반응의 크기와 무게에 숫자도 매길 수 있을 것입니다. 지금까지 한 활동들도 충분히 의미가 있습니다. 하지만 가능하면 자신의 스트레스 반응에 더 구체적이고 세심하게 주의를 기울여서

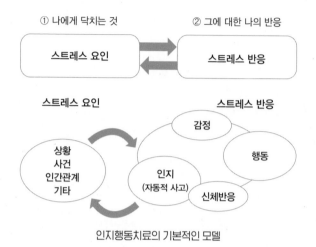

① 나에게 닥치는 것　　　　② 그에 대한 나의 반응

스트레스 요인　　　　→　　　　스트레스 반응

스트레스 요인　　　　　　　　스트레스 반응

감정

상황
사건
인간관계
기타

인지
(자동적 사고)

행동

신체반응

인지행동치료의 기본적인 모델

더욱 많은 것을 알 수 있게 되는 것이 좋습니다.

　인지행동치료에서는 사람의 반응을 '인지(자동적 사고)' '감정' '신체반응' '행동'으로 분류합니다. 그러니 스트레스 반응도 네 종류로 나눌 줄 아는 것이 중요합니다. 스트레스 반응의 분류에 대해 다음 활동들에서 설명하겠습니다. 어렵고 딱딱하게 생각하지 말고 적당히 읽으면서 마음 가는 대로 각 활동을 시도해보면 되겠습니다.

머릿속에 떠오른 생각을
말로 표현해보세요

'인지'란 머릿속의 생각, 기억, 지식, 신념 등을 아우릅니다. '자동적 사고'도 인지의 일부인데, '그때, 그 순간 자동적으로 떠오르는 생각이나 이미지'를 뜻하지요. 스트레스 반응을 눈치채기 위해서는 먼저 자동적 사고에 주의를 기울이는 게 좋습니다. 자동적 사고에 집중하면서 말로 표현해봅시다. 다음 예를 참고해주세요.

[스트레스 반응인 자동적 사고] '아, 비 오네. 짜증 나.' '그 사람은 왜 이상한 말을 할까?' '내가 잘못한 건가.' '더는 못 참겠어!' '내일 회사 가기 싫다.' '죽고 싶어.' '그 자식 한 대 패고 싶어.' '월급날까지 버틸 수 있으려나.'

[자동적 사고가 이미지처럼 떠오르는 경우] 싫어하는 사람의 얼굴이 갑자기 뇌리를 스친다(시각적 이미지). 오래전 들었던 불쾌한 말이 머릿속에 울린다(청각적 이미지). 반려동물이 죽었던 때가 떠올라 슬프다(시각적 이미지).

마음속에 생겨난 감정을
말로 표현해보세요

'감정'이란 마음속에 드는 기분을 뜻하는 말입니다. '자동적 사고'가 머리에서 일어난다면 '감정'은 어디에서 일어날까요. 배와 가슴 언저리에서 느낄 때가 많은 것 같습니다. '감정'의 특징은 딱 잘라 표현할 수 있다는 것입니다. 예를 들어 기쁘다, 슬프다, 외롭다, 헛헛하다, 들썩들썩하다, 두근두근하다, 짜증 나다, 열 받다, 고독하다, 실망스럽다, 울적하다, 우울하다, 분노하다, 안타깝다, 폭발할 것 같다, 불안하다, 무섭다….

내 마음에 주의를 기울여서 스트레스 요인에 반응하여 생겨나는 여러 감정에 짧게 이름을 붙여봅시다. 스트레스 반응으로 생겨나는 감정은 부정적인 것이 많지만,

긍정적인 것과 부정적인 것이 섞여 있을 때도 있습니다.
'기대되는데 불안해.' '기쁜데 쓸쓸해.' 같은 것들이지요.

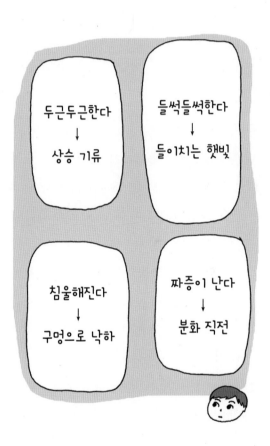

신체반응을 깨닫고
말로 표현해보세요

신체반응은 생리적인 현상을 말합니다. 이번에는 자기 몸의 반응에 주의를 기울여봅시다. 스트레스 요인 때문에 일어나는 신체반응의 예를 들면 다음과 같습니다.

숨이 찬다. 호흡이 멈춘다. 머리로 피가 몰린다. 가슴이 두근댄다. 가슴이 울렁거린다. 머리가 아프다. 두드러기가 난다. 열이 오른다. 목과 어깨가 뻐근하다. 등이 아프다. 허리가 아프다. 위가 쓰리다. 설사를 한다. 방귀가 나온다. 복통이 일어난다. 변비가 생긴다. 소변이 잦아진다. 손발이 떨린다. 손발이 차가워진다. 온몸이 굳는다. 몸에서 힘이 빠진다. 머리카락이 빠진다. 두피가 가렵다. 손발이 가렵다. 목이 막힌다. 시야가 좁아진다….

몸은 무척 정직합니다. 마음이 스트레스 반응을 느끼지 못해도 몸은 여러 스트레스 반응을 보입니다. 자신의 몸에 일어나는 변화들에 주의를 기울여서 사소한 스트레스 반응도 놓치지 말고 적어보세요.

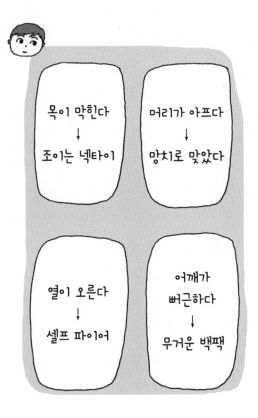

목이 막힌다
↓
조이는 넥타이

머리가 아프다
↓
망치로 맞았다

열이 오른다
↓
셀프 파이어

어깨가
뻐근하다
↓
무거운 백팩

행동으로 나타나는 스트레스 반응을 깨닫고 말로 표현해보세요

'행동'은 나의 태도, 동작, 신체의 모든 움직임 등을 포함하는 말입니다. 행동으로도 많은 스트레스 반응이 나타납니다. 예를 들면 다음과 같습니다.

목소리를 높인다. 한숨을 쉰다. 울음을 터뜨린다. 침대에 누워버린다. 단것을 먹는다. 주먹을 쥔다. 머리카락을 뽑는다. 머리카락을 헝클어뜨린다. 화장실에 틀어박힌다. 게임에 몰두한다. 반려견의 사진을 본다….

나에게 닥친 스트레스 요인에 대하여 내가 스트레스 반응으로 어떤 행동을 하는지 주의를 기울이세요. 그리고 직접 쓰고 이름을 붙여 정리해봅시다.

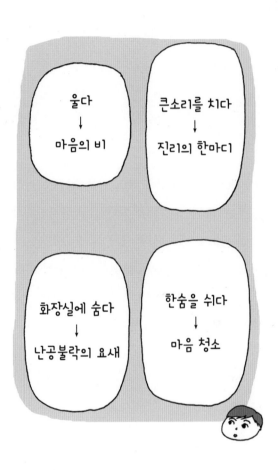

스트레스 반응을 글이 아닌
그림이나 표로 외재화해보세요

몸과 마음에 일어난 스트레스 반응을 '글로 써서 외재화하는 것'은 효과가 무척 뛰어납니다. 하지만 굳이 '글'에 얽매일 필요는 없습니다. 글이 아니라 '그림'이나 '표' 등으로 표현하는 게 와닿는 분들은 자신에게 편한 방법으로 외재화해도 됩니다. 그림 그리길 좋아하는 분이라면 스트레스 반응을 눈치챌 때마다 마음껏 그려주세요.

스트레스 체험과 관련된 모든 요소를 한꺼번에 외재화해보세요

인지행동치료 모델에 따라 자신의 스트레스 반응을 인지(자동적 사고), 감정, 신체반응, 행동으로 분류할 수 있다면, 이제 스트레스 체험 전체(스트레스 요인 및 자동적 사고, 감정, 신체반응, 행동)를 외재화할 차례입니다. 책 말미의 부록에 표가 있으니 여러 장 복사해서 언제든 바로 쓸 수 있게 준비해두면 좋답니다.

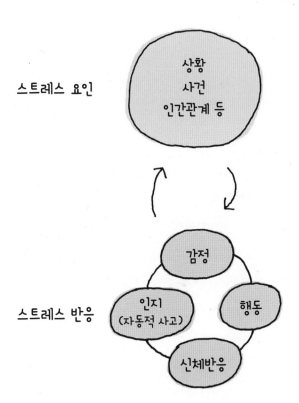

스트레스 요인

상황
사건
인간관계 등

스트레스 반응

감정

행동

인지
(자동적 사고)

신체반응

스트레스 일기를 써봅시다

매일 겪는 스트레스 체험(스트레스 요인과 스트레스 반응)을 세세하게 외재화하는 버릇을 들입시다. 퇴근길 전철이나 버스에서, 밤에 양치질을 한 뒤, 아니면 이튿날 아침이라도 괜찮습니다. '오늘(어제)은 어떤 스트레스 체험이 있었지?' 하고 자문한 다음 아무리 사소한 일이라도 괜찮으니 그날(전날)의 스트레스 요인과 스트레스 반응을 외재화하는 겁니다.

책의 부록에 있는 '스트레스 일기'를 하루 한 줄이라도 적어보길 권합니다. 아니면 활동 9에서 소개한 표를 매일 하나씩 채워보는 것도 괜찮고요. 일상에서 겪는 스트레스 체험에 세심히 주의를 기울일 수 있게 되면 이어서 소개할 마음챙김(5장과 6장)과 대처(7장)를 따라 하기 쉬워지는 데다 효과도 더욱 좋아집니다. 그러니 부디 자신의 스트레스 체험을 꼼꼼히 살피며 외재화해보세요.

5장

마음챙김 실천하기 1

신체, 행동, 오감에 집중하자

해설

'마음챙김mindfulness'이란 '자신이 지금 이 자리에서 겪는 체험에 주의를 기울이고 판단이나 평가를 하지 않은 채 있는 그대로 바라보며 받아들이는 것'입니다.

여러분은 3장에서 스트레스 요인에, 4장에서는 스트레스 반응에 주의를 기울이고 글, 그림, 표 등으로 외재화하는 법을 배웠습니다. 앞서 배운 것에 마음챙김을 적용하면 어떠한 스트레스 요인이나 스트레스 반응을 경험해도 '좋다' 또는 '싫다', '올바르다' 또는 '그릇되다' 같은 평가를 하지 않고 그저 바라볼 수 있습니다. '이런 스트레스 요인이 나에게 닥쳤구나.' 혹은 '이런 스트레스 반응

이 일어났구나.' 하는 식으로요.

다시 말해 스트레스 체험을 앞서 해본 대로 외재화하되, 그 체험에 대해 평가나 판단을 하지 않고 '흠, 지금 내 스트레스가 이런 상황이구나.' 하며 그저 받아들이는 것입니다. 이것이 바로 스트레스 체험에 대한 마음챙김입니다.

마음챙김이 말처럼 쉽지는 않습니다. 실제로 스트레스 요인과 스트레스 반응 중에는 '불쾌한 것'이 많고 사람이란 대체로 불쾌한 것을 싫어하니까요. 그러나 마음챙김은 말합니다. 그 불쾌한 체험을 '싫은 것'이라고 하지 말고 그대로 받아들입시다, 그대로 맛봅시다, 하고요. 어때요? 절대 쉽지 않겠지요? 그렇기 때문에 마음챙김을 할 수 있게 도와주는 여러 '연습법'이 만들어졌습니다.

앞으로 소개할 연습법을 따라 하며 기본적인 마음챙김에 익숙해지면, 스트레스 체험에 대한 마음챙김 역시 한결 쉬워질 것입니다. 우선은 매일매일 스트레스 요인과 스트레스 반응에 주의를 기울이며 외재화하는 활동(3장과 4장)을 계속합시다. 그러면서 동시에 5장과 6장에서 소개하는 마음챙김 연습법들에 도전해보세요. 자신에게 맞는 방법을 한두 가지라도 찾아 매일 연습하는 겁니다.

마음챙김 연습법에 충분히 익숙해지면 일상에서 겪는 스트레스도 판단이나 평가를 하지 않고 그저 바라보려고 해보세요. 그것까지 해내면 여러분은 더 이상 스트레스에 휘둘리지 않고 거리를 두며 바라볼 수 있을 것입니다. 그 뒤에는 차분하게 이런저런 대처(7장)를 시도해볼 수 있고요. 그 단계에 이르면 여러분의 '고통 점수'는 처음보다 꽤나 낮아져 있을 것입니다. 반대로 '행복 점수'는 높아졌겠지요.

마음챙김이란 '자신이 지금 이 자리에서 겪는 체험에 주의를 기울이고 판단이나 평가를 하지 않은 채 있는 그대로 바라보며 받아들이는 것'입니다. 지금부터 이런저런 연습법을 소개할 텐데, 기억해둘 것이 하나 있습니다. 마음챙김의 대상이 되는 체험(앞으로 소개할 호흡이나 자동적 사고나 감정 등)에 '적당히 집중하라'는 것입니다.

'적당히'가 중요합니다. '엄청나게' 집중할 필요는 없습니다. 우리의 '의식'은 도중에 다른 곳으로 새는 경향이 있습니다. 아무리 집중하려 해도 의식이 다른 곳으로 날아가거나 딴생각을 시작하기 십상이지요. 애초에 '엄청나게' 계속 집중할 수는 없다는 말입니다. 집중하는 게 중요하지만 의식이 다른 곳으로 향하거나 딴생각을 하는

것 같으면 '아, 적당히 집중해야지!' 하고 마음챙김의 대상(호흡, 감정 등)으로 의식을 되돌리면 됩니다. '집중이 끊기면 눈치채고 다시 집중한다'는 과정 자체가 매우 중요합니다. '적당히 집중할 것', 기억해두길 바랍니다.

마음챙김은 자기 자신의 체험에 계속 주목하는 것인데, 그때 어떤 '시선'으로 봐야 할까요. 되도록 호기심과 흥미를 품은 따뜻한 '시선'으로 자신의 체험을 바라봐주세요. '흠, 나는 이렇게 느끼는구나.' '호오, 이런 감정이 나한테서 나왔어. 재밌는데.' 이처럼 자신이 겪는 체험들에 흥미를 품은 채 따뜻하고 상냥한 시선으로 바라보며 하나하나 받아들이길 바랍니다. 무척 중요한 주의사항입니다. 잊지 말아주세요.

5장에서는 스트레스 반응 중에서도 '행동'과 '신체반응'에 초점을 맞춘 마음챙김 연습법을 소개하겠습니다. 총 열 가지인데, 전부 무언가 행동하면서 그때그때 자신의 신체감각, 특히 오감(보다, 듣다, 만지다, 냄새 맡다, 맛보다)에 주의를 기울이고 받아들이는 것입니다. 적당히 집중하면서 활동을 따라 해주세요. 활동에 들이는 시간은 1분이든 2분이든, 5분이든 10분이든 상관없습니다. 일단 해보고 어떤 느낌인지 직접 확인해봅시다. 활동을 해보면서 '잘되고 있는 건가.' '제대로 하는 건가.' 하는 생각은 전혀 할 필요 없습니다. 뭐가 됐든 해보면 된답니다.

'눈에 무엇이 보이는지'
생중계해봅시다

먼저 시각(눈)을 활용해 마음챙김을 연습해보겠습니다. 주위를 둘러보면서 '지금 내 눈에 무엇이 보이는지' 하나하나 생중계해주세요. 어렵지 않습니다.

"아, 하늘이 보여. 하늘이 파래. 구름이 보여. 구름은 역시 하얘. 저 구름은 꼭 물고기 같다. 저쪽에는 큰 건물이 보여. 무슨 빌딩이지. 옆에는 아파트 같은 건물이 있고. 전봇대가 보인다. 전선도 보여. 도로가 저쪽으로 쭉 뻗어 있어. 아, 개랑 산책하는 사람이 있다. 휠체어에 탄 사람도 있네. 전동 휠체어구나. 주택이 보여. 정원에 커다란 나무가 있는 거 같은데. 현관문 근처에는 꽃이 피었어. 아, 길고양이가 눈앞을 지나쳤어. 검정고양이네."

실내에 있어도 괜찮습니다. 역시 실내를 둘러보면서
눈에 보이는 것을 그대로 중계해보세요.

눈을 감거나 고개를 숙이고
호흡에 주의를 기울여보세요

이번 마음챙김의 대상은 호흡입니다. 자신의 호흡에 적당히 집중하면서 그대로 느껴보세요. 들이쉰 숨이 어디서 들어와 어디로 향하는지(코에서? 입에서? 가슴으로? 배로?), 들이쉰 숨이 몸속을 어떻게 순환하는지, 내쉬는 숨은 어디로 나가는지, 내쉰 다음 어느 타이밍에 다음 숨을 들이쉬는지… 호흡기와 온몸에 주의의 그물을 던지고 호흡에 집중하는 것입니다. 도중에 집중이 흐트러지면 '아, 딴 길로 샜다.' 하고는 다시 호흡에 집중합시다.

푹신푹신하거나 말랑말랑한 것을
손바닥으로 만져보세요

손바닥을 써서 촉감(만지는 감각)에 주의를 기울이는 활동입니다. 일부러 부드럽거나 말랑말랑한 것을 고른 다음 그 좋은 감촉을 차분히 느끼고 맛보세요. 푹신푹신, 몽글몽글, 미끈미끈, 따끈따끈, 까끌까끌… 뭐든 괜찮습니다. 담요, 타월, 손수건, 스카프, 강아지, 고양이, 인형, 테이블… 뭐든 만집시다. 유리도 만지고, 종이도 만지고, 온갖 물건을 손바닥으로 쓰다듬으며 그 감각에 집중해보세요.

푹신푹신한 것
말랑말랑한 것을
손으로 쓰다듬자

먹고 마시며
마음챙김을 해보세요

'건포도 명상'이라는 유명한 마음챙김 연습법이 있습니다. 건포도 한 알을 잡아서 이리저리 들여다보고(시각), 냄새를 맡고(후각), 손가락으로 꾹 눌러보고(촉각), 입에 넣어 혀와 치아로 이리저리 굴려보고(촉각과 미각), 침이 나오는 것을 느껴보세요. 건포도를 입에 넣고 씹으며 새콤달콤한 맛을 보고(미각), 씹으면서 콧속을 통과하는 냄새를 맡고(후각), 잘게 씹힌 건포도의 맛과 모양을 혀로 살피고(미각과 촉각), 다 씹은 건포도를 꿀꺽 삼켜서 목구멍으로 넘어가는 맛과 감촉을 느껴봅시다(미각과 촉각). 삼킬 때 콧속을 통과하는 냄새가 달라지니 그 변화에도 집중해보고(후각), 전부 삼킨 다음 입 안에 남은 건포도의 여운도 느껴보세요(미각과 후각). 이처럼 오감을 활용해서 건포도 한 알을 정성스레 맛보는 것이 '마음챙김 먹기'입니다. 이 방법은 다른 음식이나 음료에도 응용할 수 있습니다. 매일매일 무언가를 먹고 마실 때 (밥, 빵, 국, 과일, 초콜릿, 사탕, 커피, 녹차, 물, 와인 등) 한 입이라도 괜찮으니 마음챙김 연습을 해보세요.

건포도 한 알을 잡아
관찰하자

지그시

목욕하여
마음챙김을 해보세요

　목욕하거나 샤워할 때도 마음챙김을 연습할 수 있습니다. 옷을 벗을 때 피부의 느낌, 욕실 바닥을 디딜 때 발바닥의 감각, 입욕제의 냄새, 따뜻한 물의 온도, 샴푸의 향기, 거품 낼 때 감촉, 머리를 감을 때 두피의 느낌, 샤워기의 소리, 몸을 닦을 때 쓰는 스펀지의 감촉, 내 살결의 감촉, 욕조에 몸을 담글 때 느낌, 몸을 담그고 절로 나오는 한숨, 목욕물을 첨벙일 때 소리와 느낌, 몸을 닦을 때 타월의 감촉과 냄새 등.

　목욕을 하면서 생각보다 훨씬 많은 신체감각을 느낄 수 있습니다. 정성스레 하나하나 음미하고 받아들여보세요.

목욕을 음미하자

걸으면서
마음챙김을 해보세요

우리는 하루도 빠짐없이 걷지요. 집 안에서도 밖에서도 걷지 않을 수 없습니다. 차를 끌고 다녀도 주차장까지는 걸어서 오가야 하니까요. 그 '걷기'도 마음챙김의 대상이 될 수 있습니다. 집 안에서 걸을 때, 가능한 천천히 걸음을 옮겨봅시다. 천천히 걸으면서 발바닥의 느낌이 어떤지, 내 몸 어디가 무게중심인지 집중해보세요. 한 발 나아갈 때 하반신의 움직임과 바닥을 디딜 때 발바닥의 압력 등 뭐든 괜찮으니 걸음을 옮기면서 오로지 '걷기'에 주의를 기울이는 겁니다.

외출해서 인도를 걸을 때, 슈퍼마켓에서 장을 볼 때, 전철을 환승할 때도 자기만의 속도를 유지하면서 '걷기'

에 적당히 집중해보세요. 보통 우리는 걸으면서 다른 생각을 하거나 스마트폰을 보거나 누군가와 이야기를 하기 때문에 '걷기' 자체에는 거의 주목하지 않습니다. 그렇지만 이 활동에서는 일부러 다른 생각을 안 하면서 (스마트폰은 당연히 안 되겠죠!) 걷기만을 계속 의식해보는 것이 중요합니다.

이 활동은 계단을 오르내릴 때도 할 수 있습니다. '계단에서 마음챙김'이라고 할 수 있죠.

걷기 자체에
집중하자

귀 기울여 소리를 들으면서
마음챙김을 해보세요

　귀로 듣는 것(청각) 역시 마음챙김 연습에 활용할 수 있습니다. 사실 우리 주변은 수많은 '소리'로 가득합니다. 귀를 기울이면 평소에 몰랐던 소리들이 들리지요.

　에어컨, 가습기, 말하는 사람, 냉장고, 수도꼭지에서 나오는 물, 텔레비전, 스마트폰, 키보드, 바람, 에어컨 실외기, 줄에 널려 펄럭이는 빨래, 옆집에서 들리는 음악, 위층 사람의 걸음, 자동차, 전철, 철도 건널목의 차단기, 구급차의 사이렌, 편의점에서 흘러나오는 음악, 테니스 코트를 가로지르는 공, 야구 연습을 하는 중학생, 갓난아이의 울음, 전철역의 안내 방송, 새와 벌레의 울음, 사람들의 발걸음….

청각에 집중하여 내 주위를 가득 채운 수많은 소리들을 들어보세요.

수많은 소리에 귀를 기울이자

나의 몸을 어루만지거나 쓰다듬으며
마음챙김을 해보세요

이번 활동은 영어로 '보디 스캔body scan'이라고 하는데, 침대나 이불이나 소파 등에 누워서 하는 게 좋습니다. 보디 스캔을 할 때는 자기 몸을 '가로로 잘라서 단층을 본다'고 상상합시다. 병원에서 CT 촬영을 해봤다면 이해하기 쉽겠네요. 똑바로 누워서 머리끝부터 발끝까지 몸을 세세하게 가로로 나눈 다음, 그 나눈 부위의 감각에 집중하는 것입니다. 그 부위의 감각이 지금 어떻든 (무겁다, 좀 아프다, 무척 아프다, 시원하다, 가렵다, 간지럽다 등) 있는 그대로 느끼고 받아들이는 연습을 해보세요.

밤에 잠들기 전에 해도 좋고, 아침에 눈을 뜨고 5분 정도 해봐도 꽤 효과가 있답니다. 보디 스캔이 아니라 몸

여기저기를 양손으로 쓰다듬거나 어루만지면서 해봐도 됩니다. 몸을 만지는 손바닥의 감촉을 음미하거나 손이 닿는 부위의 느낌이 어떤지 집중해보세요.

CT 촬영을 받는다고 상상해보자

냄새를 맡으면서
마음챙김을 해보세요

　여러분이 좋아하는 냄새나 향기는 무엇인가요? 후각
을 이용해서 마음챙김을 연습할 때는 먼저 자신이 좋아
하는 냄새를 코로 들이마시면서 제대로 느끼는 것부터
시작하세요.

　꽃, 과일, 아로마 오일, 세제, 비누, 샴푸, 입욕제, 커피,
녹차, 홍차, 와인, 주스, 채소, 조리 중인 음식이나 향신
료, 완성된 요리, 케이크, 초콜릿, 인형, 아이의 머리카락,
반려동물, 빵집 등 뭐든 상관없습니다. '아, 좋다.'라고 생
각하면서 그 냄새를 있는 그대로 느끼는 겁니다.

　익숙해지면 큰맘 먹고 '별로 좋아하지 않는 냄새'를 맡
아보세요. 본래 마음챙김은 '좋다/싫다' 또는 '올바르다/

그릇되다' 등 판단을 전혀 하지 않고 이런저런 자극들에 똑같이 주의를 기울이는 것입니다. 그러니 냄새에 대해서도 호불호를 판단하지 말고 그다지 좋아하지 않는 냄새, 아니면 꺼리는 냄새까지도 일부러 맡아봅시다. 바로 그런 과정이 중요하니 꼭 도전해보길 바랍니다. 저는 이 연습 덕분에 발효시킨 생선의 지독한 냄새도 태연히 맡을 수 있게 되었답니다!

냄새를
느껴보자

스트레스 반응 중 '신체반응'과 '행동'에
주의를 기울이며, 있는 그대로
받아들이는 마음챙김을 해보세요

지금까지 신체반응(오감)과 행동에 대해서 마음챙김을 해봤습니다. 앞선 활동을 충분히 연습했다면 이제는 스트레스 반응으로 나타나는 신체반응과 행동도 주의를 기울이며 평가나 판단을 하지 않은 채 있는 그대로 받아들일 수 있을 것입니다. '음, 가슴이 두근두근했어.'라거나 '아, 지금 내가 큰 소리를 냈어.'라고 사실을 그대로 받아들이려 해보세요. 할 수 있다면 신체의 고통까지도 마음챙김의 대상이 될 것입니다. 저는 마음챙김 덕에 두통이 일어나면 곧장 먹던 진통제를 많이 줄일 수 있었답니다. 아, 물론 얼른 손을 써야 하는 긴급한 통증에는 마음챙김이 아니라 치료를 해주세요.

아,
가슴이
두근두근했어!

자, 이번 장에서는 행동과 신체반응에 주목하는 마음챙김 연습법을 소개했습니다. 열 가지 활동을 전부 따라 하기란 무척 힘드니 일단 한두 가지만 골라서 매일 해보면 좋겠습니다. 그게 습관이 되면 다른 활동도 추가하고요. 마음챙김이 습관으로 자리 잡으면 신기하게도 일상생활이 무척 풍요로워집니다. 호흡 한 번도 소중히 여겨지거든요. 길을 걷기만 해도 오감이 전부 활발하게 느껴져서 '아, 오늘도 나는 살아 있구나.' 하는 생각이 절로 들지요. 매일매일 하는 일도 전보다 신선하게 느껴질 것입니다.

어떤 활동을 할까?

언제 어디서 해볼까?

6장

마음챙김
실천하기
2

사고, 이미지, 감정을 깨닫고
해방하자

해설

5장에서는 스트레스 반응 중에서 '신체반응'과 '행동'에 초점을 맞춘 마음챙김 활동들을 소개했습니다. 이번 6장에서는 '인지(자동적 사고)'와 '감정'에 집중하며 마음챙김을 연습해보겠습니다.

우리 머릿속에서는 매일 수많은 자동적 사고나 이미지가 떠올랐다 사라지길 반복합니다. 혹은 어떤 자동적 사고나 이미지가 계속 머릿속을 빙글빙글 맴돌아서 도저히 벗어날 수 없을 때도 있지요. 이런 현상을 '반추'나 '곱씹기'라고 합니다. 그럴 때 드는 감정도 다양합니다. 즐거움, 안락함, 여유로움 같은 긍정적인 감정을 느끼는가

하면 분노, 불안, 짜증, 우울 같은 부정적인 감정에 사로잡히기도 하지요. 보통 우리는 자신의 자동적 사고와 감정이 이끄는 대로 살아갑니다. 그때그때 드는 생각과 감정을 의심하지 않은 채 순순히 따르는 것이지요.

그렇지만 지금부터 해볼 마음챙김 연습에서는 자신의 사고, 이미지, 감정을 일부러 조금 떨어진 자리에서 바라볼 것입니다. 자연스레 떠오른 생각과 감정의 '좋고 싫음'을 판단하지 말고, 부정적이라고 여겼던 생각과 감정 또한 '부정적인 건 안 돼.'라며 밀어내지 마세요. 그저 적당히 집중하면서 '이렇게 생각했구나.' '이렇게 느끼는구나.' 하고 있는 그대로 받아들이려고 해봅시다.

그리고 어떤 생각이나 감정도 영원히 계속되지 않는다는 것을 기억해주세요. 언젠가 어디에선가 반드시 사라지게 마련입니다. 머릿속에 떠오른 것은 받아들이고, 사라지는 것은 사라지게 놔두면 됩니다. 집착하지 말고

자신의 생각과 감정에 주의를 기울이되, 사라지는 것은 그대로 해방해주는 것이 중요합니다.

앞으로 소개할 열 가지 활동 중 무엇을 시도하든, 특히 처음에는 머릿속에 자주 의문이 떠오를 것입니다. '이러면 되는 건가?' '내가 지금 제대로 하는 건가?' '이걸 한다고 무슨 도움이 될까?' 하고요. 이 역시 자동적 사고겠죠. 그런 의문이 들어도 빠져들지는 마세요. 그 의문 또한 자동적 사고로서 받아들이고, 각 활동의 설명에 따라 '처리'하면 됩니다.

5장에서 행동을 이용한 마음챙김을 소개했다면, 6장의 활동들은 머리와 마음을 써서 하는 '내면'의 마음챙김입니다. 그래서 더 집중해야 합니다. 집중하며 제가 안내하는 대로 해야 하는데, 앞서 말했듯 우리에게는 '금방 딴생각을 하는' 버릇이 있습니다. 오랫동안 쉬지 않고 집중하기란 결코 쉽지 않지요. 활동을 하다가 '아, 집중이 끊겼다.' '지금 딴생각을 했어.' 하고 깨달으면 다시 집중하는 것이 중요합니다. '집중이 끊기다.' ⇨ '집중이 끊긴 걸 깨닫다.' ⇨ '다시 활동에 집중하다.' 이 과정을 반복하다 보면 반드시 활동에 집중하는 시간이 길어질 것입니다. 그러니 가볍게 마음을 먹되 끈기 있게 해보길 바랍니다.

‘—라고 생각했다’를 붙여
자동적 사고에 주의를 기울여보세요

첫 활동에서는 모든 자동적 사고에 일일이 ‘—라고 생
각했다.’ 하는 말을 덧붙이겠습니다. 이렇게 말이지요.

‘아, 짜증 나…라고 생각했다.’ ‘저 사람 너무 싫어…라
고 생각했다.’ ‘사는 게 힘들어…라고 생각했다.’ ‘오늘 점
심 뭐 먹을까…라고 생각했다.’ ‘쟤가 너무 좋아…라고 생
각했다.’

‘—라고 생각했다.’를 붙이면 자동적 사고가 사실이
나 진실이 아니라 그저 머릿속에 떠오른 생각이라는 걸
확인할 수 있습니다. 그리고 ‘—라고 생각했다.’를 붙임
으로써 끊임없이 이어지는 생각들을 막을 수도 있지요.
불현듯 떠오른 것이 이미지나 소리라면 어떡하냐고요?

'—라고 생각했다.'가 아니라 '—라는 이미지가 보였다.'
'—라는 소리가 들렸다.'를 붙이면 됩니다.

'―를 느낀다'를 붙여
감정에 주의를 기울여보세요

　모든 감정에 일일이 '―를 느낀다.'라고 붙여봅시다. 자동적 사고에는 과거형인 '생각했다'를 붙였지만, 감정에는 현재형인 '느낀다'가 더 잘 와닿습니다. 그러니 여러분도 '느꼈다'가 아니라 '느낀다'를 붙여주세요.

　'화난다…고 느낀다.' '불안…을 느낀다.' '조마조마…하다고 느낀다.' '즐겁다…고 느낀다.' '기뻐…라고 느낀다.' '걱정…을 느낀다.' '우울…을 느낀다.' 그 밖에도 수없이 많겠죠.

　감정이 강하면 강할수록 우리는 감정에 압도당해 사로잡히기 쉽습니다. 그럴 때야말로 감정 하나하나에 정성스레 이름을 짓고는, 부정적인 감정이라며 모른 척할

게 아니라 '―를 느낀다.'를 붙여서 조심스레 다루는 게
중요합니다.

생각한 것과 느낀 것을
닥치는 대로 써보세요

머릿속으로 '생각했다' '느낀다' 같은 말을 덧붙이는 것에서 나아가 직접 써봅시다. 즉 외재화를 실컷 하자는 말인데, 실은 외재화 자체가 무척 쓸모 있는 마음챙김 활동입니다. 메모지나 전단지 뒷면에 적어도 되고, 아예 외재화 전용 노트를 준비해도 좋습니다. 스마트폰이나 컴퓨터를 활용해도 되겠죠. 그때그때 스마트폰의 메모 앱을 켜서 적어보든지 앞서 얘기했던 대로 비공개 트위터 계정을 하나 만들어서 아무도 모르게 끄적이든지 해봅시다. (제가 실제로 하는 방법이랍니다.)

강물에 떠내려가는 나뭇잎을
떠올려보세요

자동적 사고와 관련해서 무척 유명한 마음챙김 활동을 소개하겠습니다. 우선 머릿속으로 다음과 같은 풍경을 그려볼까요.

[풍경] 눈앞에 천천히 흐르는 강이 있습니다. 당신은 강가에 앉아서 강물을 그저 바라보고 있습니다. 강물을 따라서 나뭇잎이 한 장, 다시 한 장, 또다시 한 장… 계속 떠내려갑니다.

'강물에 떠내려가는 나뭇잎'을 머릿속에 담아둔 채로 조금만 자신의 자동적 사고에 집중해봅시다. 그러고는 자동적 사고가 떠오르는 족족 나뭇잎에 실어보세요. 자동적 사고를 태운 나뭇잎은 강을 따라가다 이윽고 보이지 않게 될 것입니다.

여러분이 해야 하는 일은 단순합니다. '강물에 떠내려가는 나뭇잎'을 머릿속에 둔 채 자동적 사고(이미지, 소리 포함)를 차례차례 그 나뭇잎에 싣는 것입니다. 강물은 결코 멈추지 않고 당신의 자동적 사고를 실은 나뭇잎을 부지런히 흘려보냅니다. 그럼 한번 해보죠! 눈을 감고 해도 상관없습니다.

'오늘은 뭘 먹을까?' ⇨ [나뭇잎에 싣는다] ⇨ '내일 비 온다고? 짜증 나.' ⇨ [나뭇잎에 싣는다] ⇨ 좋아하는 사람의 얼굴이 떠오른다. ⇨ [나뭇잎에 싣는다] ⇨ 싫은 동료가 생각난다. ⇨ [나뭇잎에 싣는다] ⇨ '왜 걔 얼굴이 자꾸 생각나지? 아, 진짜 싫어.' ⇨ [나뭇잎에 싣는다] ⇨ '나뭇잎을 상상하라니 좀 지겹네.' ⇨ [나뭇잎에 싣는다] ⇨ '아, 졸려.' ⇨ [나뭇잎에 싣는다] ⇨ 이하 생략

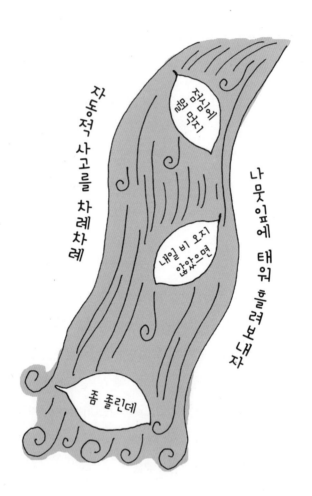

민들레 씨를 불어
날려보세요

차례차례 머릿속에 떠오르는 자동적 사고와 마음속에 생겨나는 감정. 그것들을 굳이 말로 표현하지 않고 '민들레 씨의 솜털'이라 상상하고는 살짝 불어서 날려버려도 됩니다. 온갖 생각과 감정은 전부 솜털이 되어 하늘로 날아올라 마침내 보이지 않게 되겠죠.

민들레 씨가 아니라 비눗방울을 부는 상상을 해도 좋습니다. 내 자동적 사고와 감정이 모두 비눗방울이 되어 저 멀리 날아가는 것입니다. 크고 작은 비눗방울이 된 생각과 감정은 반짝이며 하늘을 떠다니다 이윽고 사라져버리겠지요.

자동적 사고, 감정
모두 멀리 날아가라

감정을 작은 아이라고
상상해보세요

이따금 강렬한 감정에 휩싸여서 혼란에 빠지거나 소리 지르고 싶을 때가 있습니다. 그럴 때의 감정은 마치 하늘에서 뚝 떨어지는 번개 같기도 하고 몸속에서 터지는 폭발 같기도 하지요.

감정을 '번개'나 '폭발'이라고 하면 너무 무섭게 느껴집니다. 그런데 감정이란 그렇게 무서운 것이 아닙니다. 오히려 감정은 내 마음의 상태를 알려주는 대단히 중요한 현상이지요. 그러니 감정을 번개나 폭발이라며 두려워하지 말고, '내 속에 있는(배 주변을 떠올리면 좋겠죠) 작은 아이'라고 가정해보세요. 어떤 감정이 튀어나와도 이렇게 생각하는 겁니다.

'아, 배 속의 아이(○○나 □□라고 이름을 붙여도 됩니다)가 기쁜 듯이 웃고 있어.' '아, 배 속의 ○○가 좀 화난 거 같아. 왜 그러지?' '아, 배 속의 □□가 슬퍼 보여. 왜 그럴까?' '아, 배 속의 ◇◇가 쓸쓸한가 봐. 괜찮은 건가?'

이처럼 배 속에 있는 아이의 이런저런 감정들에 집중하면서 있는 그대로 받아들여보세요.

자신의 생각과 감정을
항아리에 쏟아부어보세요

커다란 항아리를 상상할까요. 항아리가 잘 생각나지 않으면 인터넷에 검색해보세요. 온갖 이미지가 나올 테니 그중 맘에 드는 걸 골라서 다운로드합시다. 어떤 모양이든 그 항아리는 여러분 옆에 항상 있어야 합니다. 자동적 사고, 감정이 일어날 때마다 항아리에 전부 쏟아부어야 하거든요.

항아리는 무척 클 것입니다. 여러분이 아무리 생각과 감정을 들이부어도 절대 넘치지 않을 정도로요. 만약 머릿속의 항아리가 꽉 찼다면 내용물을 바다나 강에 버려서 비우면 그만입니다.

불쾌한 감정은
항아리에 쏟아붓자

변기 속의 똥을
내려버리세요

이번 활동은 자동적 사고와 감정을 '똥'이라고 가정하고, 변기의 레버를 눌러서(센서에 손을 갖다 대서) 똥을 시원하게 내려버리는 것입니다. 제가 무척 좋아하는 활동인데, 특히 커다란 스트레스 요인이 닥쳐서 온갖 생각과 감정이 봇물 터지듯 일어날 때 쓸모 있답니다.

나뭇잎에 싣는 정도로는 처리할 수 없는 생각과 감정이 떠오르면 '아아, 커다란 똥을 싸버렸어.'라며 받아들이세요. 그렇게 자동적 사고와 감정을 '변기 속의 커다란 똥'으로 가정한 다음 물을 힘껏 내립시다. 그러면 똥이 시원하게 사라질 것입니다. 물이 세게 내려가는 열차나 비행기 화장실이라면 더 좋겠죠.

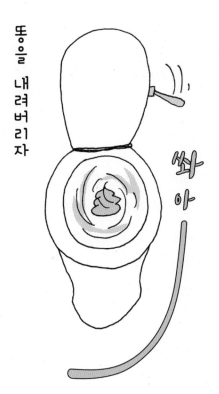

똥을 내려버리자

쏴아

마음과 감정을 '바다에 치는 파도'라고 생각하며 바라보세요

바다를 바라보길 좋아한다면 (저는 매우 좋아합니다. 아무리 봐도 질리지 않아요) 자신의 마음을 '바다', 이런 저런 감정은 '파도'라고 생각해보세요. 어떤 때는 큰 파도가 치고, 어떤 때는 작은 파도가 치겠죠. 또 폭풍이 몰아쳐서 물결이 크게 넘실거리는가 하면, 바람 없이 잔잔하기도 할 것입니다. 똑같은 파도란 하나도 없습니다. 하지만 모두 바다에서 생겨난 것이라 크든 작든 파도는 반드시 사라져서 바다로 돌아갑니다. 그렇게 자신의 마음과 감정을 '바다와 파도'로서 느껴보세요.

내 마음과 감정을 바다와 파도라고 여겨보자

스트레스 반응 중 '인지'와 '감정'에 집중해서 있는 그대로 받아들여보세요

　인지(자동적 사고)와 감정에 대한 마음챙김 활동의 가장 중요한 목표는 무엇일까요? 바로 스트레스 반응으로 일어나는 인지와 감정을 집중해서 있는 그대로 받아들이고 스스로 맛보는 것입니다. 스트레스 반응은 이른바 '부정적'인 것들이 많은데, 그런 생각과 감정을 '싫어.' '생각하고 싶지 않아.' '느끼고 싶지 않아.'라며 밀어내지 말고 받아들여보세요. '아, 부정적인 생각이 떠올랐다, 오버!(단호하게)' '아, 부정적인 감정이 든다, 오버!(단호하게)' 하고 보고하듯 해도 좋겠죠. 물론 연습해야 하지만 계속하다 보면 반드시 스트레스 반응을 받아들일 수 있을 것입니다. 그러니 힘내세요!

여기까지 인지행동치료의 기본 모델 중에서 '인지(자동적 사고)'와 '감정'에 초점을 맞춘 열 가지 마음챙김 활동들을 소개했습니다. 역시 맘에 드는 활동 한두 가지를 골라서 매일매일 따라 해주세요.

앞서도 적었지만 마음챙김에 극적인 효과는 없습니다. 일상생활에서 계속하다 보면 조금씩 효과가 느껴지는 것 같은, 수수한 자기 돌봄 방법이지요. 바로 그렇기 때문에 매일 쉬지 않고 하는 데 큰 의미가 있습니다. 부디 저를 믿고 잠깐씩이라도 끈기 있게 마음챙김을 실천해주세요.

어떤 활동을 할까?

언제 어디서 해볼까?

소소한 대처를
잔뜩 찾아내기

해설

'대처coping'란 스트레스 요인과 스트레스 반응으로부터 자신을 지키기 위해 방법을 궁리하고 실천하는 것을 뜻합니다. 일상에서 겪는 스트레스와 원만하게 함께하기 위해서는 소소하더라도 나만의 대처 방법을 잔뜩 준비해두고 스트레스 요인과 스트레스 반응을 겪을 때마다 적절해 보이는 방법을 시험한 다음 효과가 있는지 확인하는 것이 중요합니다.

효과가 있다면 '이 스트레스 요인에는 이런 대처가 효과 있구나.'라고 기억해두세요. 별 효과가 없어도 괜찮습니다. '이 스트레스 반응에는 이렇게 대처하면 안 되겠어. 다음에는 다른 방법을 시험해보자.'라고 나중을 위해 참고하면 되니까요.

7장의 목적은 일상생활에서 활용할 수 있는 대처 방법을 사소한 것까지 있는 대로 그러모으는 것입니다. 그러기 위한 열 가지 활동을 소개합니다.

'일단 진정하기' 자체가
뛰어난 대처법입니다

대처에 대해 설명했지만, 실은 이 책에서 이미 수많은 대처 방법을 소개했습니다. 1장 「일단 진정하기」에서 소개한 열 가지 활동이 모두 곧장 효과가 나타나는 무척 유용한 대처 방법이랍니다. 앞에서는 마음이 너무나 괴로울 때 '일단 진정하기' 위해 해보라고 했지만, 그보다 덜 힘든 스트레스 요인과 스트레스 반응이 닥쳤을 때에도 1장의 활동들은 모두 여러분을 도와줄 것입니다.

[1장에서 소개한 열 가지 대처 방법] 자신의 괴로움을 인정하고 받아들입니다 / 손으로 몸을 쓰다듬거나 다독여주세요 / 다치지 않을 정도로 몸에 강한 자극을 주세요 / 몸의

중심을 아래쪽으로 낮춰보세요 / 커다란 담요나 이불을
몸에 둘러보세요 / 몸 일부에 꾹 힘을 준 다음, 힘을 쭉
빼세요 / 일부러 크게 숨을 토해내세요 / 티슈를 찢거나
종이를 가위로 싹둑싹둑 잘라보세요 / 뭔가를 꼭 껴안아
보세요 / 화장실이든 어디든 다른 곳으로 피해보세요.

'누군가와 연결되기'는 대단히 중요한 대처법입니다

2장 「누군가와 연결되기」에서 소개한 활동들 역시 대단히 중요한 대처 방법입니다. 외톨이인 채 스스로를 도우려 하면 오히려 더 힘들어지곤 합니다. 내 손을 잡아줄 누군가가 있다면 당연히 손을 뻗는 게 낫죠. 혼자서 어떻게든 해보려고 하지 말고 누구에게 어떻게 도움을 구할지 고민하고 실행해봅시다. 물론 당장 도와달라고 할 수 없는 상황일 수도 있습니다. 그럴 때는 어떻게 도움을 구하면 될지 정보를 모으거나 나에게 도움이 되는 누군가의 존재를 떠올려보세요. 그렇게 '마음을 외톨이로 두지 않는 것'이 중요합니다. 이번에는 2장의 활동들을 나만의 대처 방법으로서 활용해볼 차례입니다.

[2장에서 소개한 열 가지 대처 방법] '내 마음을 외톨이로 두지 않겠다'고 마음먹어요 / 낯이 익은 존재를 떠올려볼까요? / 좋아하는 사람, 좋아했던 사람, 선망하는 사람을 그러모아 떠올려보세요 / 좋아하는 캐릭터는? 동물은? 인형은? / 서포트 자원에 대한 정보를 모아볼까요? / 상담을 예약하고 준비해서 실제로 해보는 거예요 / 포기하지 말고 '그런대로 신뢰가 가는 사람'을 찾아보세요 / SNS를 활용해보세요 / 위험한 사람에게서는 일단 떨어지세요 / 서포트 네트워크를 그려보세요.

좋아하는 사람을 떠올려보자

나를 외톨이로 두지 않을 거야

'스트레스 요인과 스트레스 반응을 깨닫고 써보기'로 대처해보세요

3장 「스트레스 요인을 깨닫고 써보기」와 4장 「스트레스 반응을 깨닫고 써보기」에서 해본 외재화 활동들은 모두 뛰어난 효과가 있는 훌륭한 대처 방법입니다. 여러분도 꼭 매일매일 스트레스 일기를 쓰며 외재화를 습관으로 삼길 바랍니다.

마음챙김은 매우 강력한 대처 방법입니다

5장과 6장에서 소개한 마음챙김 활동들도 꾸준히 한다면 대처 방법으로 여러분의 든든한 아군이 되어줄 것입니다. 5장에서는 행동을 이용해 우리의 신체감각, 그중에서도 오감에 집중하는 마음챙김을 연습했습니다. 6장에서는 자동적 사고와 감정에 휩쓸리지 않고 조금 떨어져서 바라보는 마음챙김을 연습했고요.

모든 활동을 할 필요는 없습니다. 각 장에서 한두 가지를 선택해 매일 생각날 때마다 해보면 조금씩 효과가 나타날 것입니다. 부디 마음챙김도 대처 방법으로 활용해주세요.

자, 결국은 앞서 소개한 활동들이 모두 '대처'라는 사실을 확인했습니다. 즉 '스트레스 대책'으로 활용할 수 있다는 말이죠. 다음 활동부터는 그 외에 효과가 확인된 여섯 가지의 대처 방법을 소개하겠습니다. 모두 쉽게 따라할 수 있고 효과가 뛰어난 데다 돈도 들지 않는 훌륭한 방법들입니다. 꼭 시도해보시면 좋겠습니다!

나를 괴롭히는 '자동적 사고'에게
또 다른 내가 말을 걸어보세요

이제 여러분은 수시로 머릿속에 떠오르는 '자동적 사고(이미지, 소리 포함)'를 외재화하거나 마음챙김의 대상으로 삼을 수 있을 것입니다. 만약 자동적 사고가 나를 괴롭히거나 우울하게 만든다면 그저 받아들이고 놓아주는 것만으로는 부족하겠죠. 그럴 때는 자동적 사고를 향해 또 다른 내가 말을 걸고 대화를 하여 새로운 생각을 만듦으로써 스스로를 도울 수 있습니다.

이런 방법을 '인지적 대처'라고 부릅니다. 가령 '다 망했어.'라는 생각이 떠오르면, 어떡할까요? 또 다른 자신(나를 돕는 나)은 '다 망했어.'라는 생각에 뭐라고 말할까요? '맞아, 다 틀렸어.'라고 할 리는 없겠죠. 이렇게 말하지 않을까요?

'망한 것 같아서 힘들겠다.' '왜 망한 것 같아?' '아직 괜찮은 걸 찾아보자.' '망했다고 생각하면 너무 힘드니까 다르게 생각할 수는 없을까?' '내가 어떻게 말해주면 맘이 조금 편해질까?' '나한테 듣고 싶은 말 있어?' 등등.

그렇게 대화하다 나온 말들을 기억해두세요. 그리고 그 말들로 자신을 위로하거나 응원하는 문구를 만들어보세요. 가령 다음 같은 문구를 쓸 수 있겠죠.

'다 망했다는 생각이 들면 힘들지. 그런데 그 생각에 순순히 사로잡히지는 마. 너는 충분히 노력했어. 때로는 잘 풀리지 않을 수 있지만, 그렇다고 네 노력의 가치까지 줄어드는 건 아냐. 널 지켜봐주는 사람도 분명히 있어. 어깨에 긴장을 풀어봐. 아직 포기하지 말고 계속하자.'

나만의 문구를 만들면 노트에 적든 스마트폰에 메모하든 늘 지니고 다니면서 힘들 때마다 소리 내어 읽으며 자신에게 들려주세요.

또 다른 내가 말을 걸게 하자

기분 전환이 되는 행동을
모아볼까요?

이번에는 '행동적 대처'입니다. 기분이 전환되는 행동을 많이 준비해두는 것도 중요합니다. 누군가는 '기분 전환에 무슨 의미가 있어.'라거나 '기분 전환은 문제에서 도망치는 거야.'라고 생각할지도 모르겠습니다. 하지만 기분을 전환해서 마음이 가벼워진 다음 문제 해결에 도전해도 됩니다. 다음 예를 참고해서 나에게 기분 전환이 되는 행동을 떠올리며 전부 외재화해보세요.

예 : 손톱 깎기, 미용실에 가기, 산책하기, 강아지랑 놀기, 동물원에 가기, 서점 구경하기, 목욕탕에 가기, 집에서 반신욕하기, 식탁 닦기, 피아노 치기, 우쿨렐레 연주하

기, 노래방 가기, 달리기, 스트레칭, 마사지, 친구와 통화하기, 술 마시기, 케이크 먹기, 과자 한 봉지 먹기, 컬러링북 색칠하기, 낙서하기, 한껏 차려입기, 잠자기, 텔레비전 보기, 웹 서핑, 친구랑 수다 떨기, 콜라 마시기, 여행 가기, 여행 계획하기, 좋아하는 연예인의 SNS 보기, 만화 읽기, 독서, 시 쓰기, 사진 찍기, 라면 먹기, 요리하기, 화장실 청소하기, 설거지하기, 장보기, 이불 털기 등등.

구체적인 숙제를 찾아내서
하나씩 해결해봅시다

생활이나 인간관계에 구체적으로 어떤 문제가 있는지 찾아내어 해결하는 것도 나를 지키는 중요한 대처 방법입니다. 이것을 '문제 해결'이라고 하지요. 문제 해결을 할 때는 되도록 문제를 작게 만들어서 하나씩 확실히 해결하는 것이 중요합니다.

가령 '집 안이 어질러져 있다'는 문제를 발견했다면, 단번에 청소와 정리를 전부 해야겠다고 큰맘 먹는 것이 아니라 '오늘은 부엌 싱크대만 청소하자.'라거나 '이 서랍만 정리해야지.'라고 작은 목표를 정하는 것입니다. 숙제를 작게 나누어서 할 수 있는 만큼 확실하게 하세요.

'살이 많이 쪘다'는 문제도 마찬가지입니다. 과격한 다

이어트를 목표하지 말고 '간식을 반으로 줄여야지.' 또는 '버스에서 한 정거장 전에 내려야지.' 등으로 내가 할 수 있는 구체적인 숙제를 정하고 해결해보세요.

인간관계도 갑자기 전부 바꾸려고 하면 너무 어렵습니다. 그러니 '어제 싸운 딸에게 아침 인사를 먼저 건네자.'라거나 '싫어하는 동료와 이야기할 때 마주 보기는 하자.'라거나 '껄끄러운 상사가 쓸데없는 일을 시키면 일단 꼭 내가 해야 하는지 물어보자.'라는 식으로 나를 위해 할 수 있을 듯한 숙제를 정해보세요. 그다음 하나씩 해결하기 위해 행동하면 됩니다.

아침에 일어나면
커튼을 걷자!

긴장을 풀기 위해
무언가를 해볼까요

스트레스 반응 때문에 몸과 마음이 긴장되는 일은 무척 자주 일어납니다. 바로 그래서 몸과 마음의 긴장을 푸는 것은 매우 효과적인 대처 방법이랍니다. 흔히 '릴랙스가 중요하다'고 하듯이요. 이번에는 '긴장을 풀어줄 듯한 행동'을 찾아서 실제로 해보겠습니다.

이 활동에서 중요한 점은 '금세 긴장이 풀려 아주 편해지길 바라지 않는 것'입니다. 편안함이란 '긴장을 풀어줄 듯한 행동'을 여러 번 실천해야 이룰 수 있기 때문입니다. 그러니 바로 효과가 나타나길 기대하지 말고 계속 긴장을 풀어봅시다. 다음 예를 참고해서 마음을 느긋하게 먹고 시험해볼까요.

예 : 심호흡하기(한숨을 쉬듯 길게 내쉰다 ⇨ 코로 깊게 들이쉰다), 벌렁 드러누워서 온몸에 힘을 빼기, 아로마 오일(라벤더, 베르가모트 등)의 냄새를 맡기, 눈을 감고 여유로운 풍경(숲, 해변 등) 떠올리기, 따뜻한 음료 천천히 마시기 등.

여기에 덧붙여 1장에서 해본 몸 쓰다듬기, 담요 두르기 등도 긴장을 풀어주는 좋은 방법입니다. 행동과 오감을 활용한 마음챙김 역시 계속 하다 보면 편안함이 느껴질 것이고요.

긴장이 풀리는 풍경을 떠올리자

'내가 좋아하는 아이템'을
보거나 찾아보세요

'내가 좋아하는 아이템'이란 주변에 있으면서 보기만 해도 마음이 놓이거나 즐겁거나 안심되거나 긴장이 풀리거나 기쁘거나 한 것입니다. 꼭 물건이 아니어도 된답니다.

저는 산책하다 마주치는 강아지, 고양이, 비둘기, 참새 등을 좋아합니다. 모르는 아이라 해도 즐거워하는 모습을 보면 저까지 즐거워지고요. 넘어진 아이를 부모가 달래주는 광경을 마주하면 마음이 놓입니다. 어떤 때는 쇼핑몰을 돌아다니면서 제가 좋아하는 오렌지색 아이템 (스웨터, 숄, 신발, 우산 등)을 찾아보기도 하지요.

하늘을 올려다보는 것도 좋아합니다. 파란 하늘은 보

기만 해도 눈이 즐겁습니다. 파란 하늘에 둥실 떠 있는 크기도 모양도 다른 하얀 구름들을 보는 것도 재미있고요. 저녁노을도 빼먹을 수 없지요. 무지개를 본 날은 종일 무척 기쁩니다. 매일매일 조금씩 모양이 변하는 달을 보는 것도 좋아합니다. 길가에 자리한 이름 모를 풀꽃이나 이웃집 정원에 핀 꽃을 보는 것도 즐겁고요. 스마트폰으로 귀여운 동물 동영상을 찾아보기도 합니다.

이처럼 마음만 먹으면 당신도 주위에서 좋아하는 아이템을 잔뜩 발견할 수 있을 것입니다.

꽃을 보면
맘이 편해져

나만의 대처 방법을 외재화하고
계속 늘려가세요

앞서 이런저런 대처 방법들을 소개했습니다. 스트레스에 대처할 수단은 많으면 많을수록 도움이 되겠죠. 시간과 돈이 들지 않는 손쉬운 대처법이면 충분하니 실제로 할 수 있는 방법을 전부 모아서 언제든 써먹을 수 있게 준비해두세요. 대처 방법을 외재화해두면 필요할 때 바로 골라서 해볼 수 있겠죠.

앞서 해봤던 아홉 가지 활동들을 참고해서 권말 부록에 있는 '나만의 대처 방법 목록'에 당신이 찾아낸 방법을 적어보세요. 그 목록을 늘 지니고 다니면서 스트레스를 느끼면(느끼지 않았어도) 그때그때 도움이 될 만한 방법을 실천해서 효과가 있는지 확인해보세요. 효과가 없거나 역효과가 나타나도 다른 방법을 시험하면 그만입니다. 그리고 새로운 대처 방법을 발견하면 곧바로 목록에 추가하세요. 이렇게 하면 여러분의 대처 방법 목록은 계속해서 늘어날 것입니다.

나만의 대처 방법을 늘려보자

심리도식치료에 대해서

8장에 앞서 '심리도식치료schema therapy'에 대해 간단히 설명하겠습니다. 8장부터 10장까지는 여러분에게 심리도식치료와 관련한 활동을 소개하려 합니다. '심리도식心理圖式'은 심리학 용어인데, 영어로는 '스키마schema'라고 합니다. 지금까지 우리는 인지(머릿속에서 일어나는 현상) 중에서도 주로 자동적 사고(그때그때 떠오른 생각과 이미지 등)에 대해 다뤘습니다. 스트레스 반응 중 자동적 사고에 집중해보기도 했고, 강물 위의 나뭇잎에 자동적 사고를 차례차례 실어 흘려보내는 마음챙김 활동도 해봤지요. 또 다른 나를 만들어서 자동적 사고에 말을 걸어보

얕은 단계의 인지 자동적 사고 순간적인 인지

깊은 단계의 인지 심리도식 지속적인 인지

자동적 사고와 심리도식의 관계

는 인지적 대처도 연습했고요.

그렇다면 심리도식이란 무엇일까요? 표를 함께 살펴 봐주세요. 심리도식이란 '자동적 사고보다 깊은 단계에 자리한 지속성 있는 인지'를 뜻합니다. 예컨대 깊은 생 각, 자기만의 규칙, 자신에 대한 인식, 세계와 타인에 대 한 생각, 신념 등이 심리도식에 해당하지요. 자동적 사고 의 바탕에 심리도식이 있는 셈입니다. 예를 들어 '이 세 상과 타인은 안전하니 안심해도 된다'는 심리도식을 지닌 사람과 '이 세상도 타인도 위험하니 경계해야 한다'는 심리도식을 지닌 사람은 모르는 사람이 말을 걸었을 때 전혀 다르게 반응하겠죠. 전자는 자동적으로 '어? 저 사람은 누굴까?' 생각하며 상대방에게 흥미를 품을지 모릅니다. 후자는 '위험해. 무슨 짓을 저지를지 몰라.' 하는 생각에 경계부터 할 수 있고요.

마찬가지로 자신에 대해서 '나는 유능해.'라고 여기는 사람과 '나는 무능해.'라고 여기는 사람은 작은 실수를 했을 때 반응이 크게 다를 겁니다. 전자가 '뭐, 이럴 때도 있지. 다음부터 조심하자.' 한다면 후자는 '이럴 줄 알았어! 나는 실패만 해.'라고 할 수 있겠죠.

심리도식치료는 자신의 심리도식에 집중하며 이해하는 것부터 시작됩니다. 특히 내 삶을 괴롭히는 심리도식에 주의해서 그 기원까지, 즉 어쩌다 내가 그런 심리도식을 지니게 됐는지 깨닫는 게 중요하지요.

흔히 심리도식의 기원은 어린 시절이나 사춘기의 환

경과 인간관계 등에 있다고 합니다. 어느 지역에서, 어떤 환경에서 성장했는가? 양육자(주로 부모)는 나를 어떻게 키우고 어떤 메시지를 전해주었던가? 양육자가 나를 사랑해주었던가? 양육자의 말에 상처 입은 적이 있었나? 형제와 사이는 괜찮았나? 할머니 할아버지와는 원만했던가? 학교에서는 어떻게 지냈나? 선생님과 사이는? 친구 관계는? 공부는? 놀이는? 동아리 활동을 했나? 왕따를 당한 적이 있던가? 왕따 때문에 힘들 때 나를 도와준 사람이 있었나? 이처럼 수많은 요인이 당신의 삶을 힘겹게 하는 심리도식의 기원이 될 수 있습니다.

8장에서는 자신의 심리도식에 집중해서 깊게 이해해보는 활동들을 할 것입니다. 이 책에서 줄곧 강조했듯이 무엇이든 먼저 이해하는 것이 가장 중요합니다. 9장에서는 당신의 삶을 힘들게 하는 심리도식을 일종의 '저주'라고 생각하며, 저주를 없애주고 당신의 인생에 희망을 깃

들게 해주는 활동들을 소개하겠습니다.

마지막 10장에서는 '내면 아이'라는 개념을 다루려 합니다. 심리도식치료의 바탕에는 다음과 같은 생각이 있습니다. '우리의 마음속에는 심리도식이라는 저주 탓에 상처 입은 아이가 있다. 우리는 내면의 아이를 치유해주고 행복하게 해주어야 한다.' 이 생각에 따라서 우리도 자신의 '내면 아이'를 찾아보고 그 아이와 연결되어 치유해주면서 행복해질 수 있는 활동들을 해볼 것입니다. 10장의 활동들은 무척 강력하고 효과적이니 한번 해보길 권합니다.

지금까지 이 책에서 소개한 활동들의 바탕에 있는 인지행동치료의 이론과 기법이 발전하고 진화하여 만들어진 것이 심리도식치료입니다. 저는 심리도식치료를 처음 접한 이래 직접 갖가지 활동을 시험해봤고 지금도 계속하고 있습니다. 그 결과 그때껏 정체를 몰랐던 저의 괴로움을 깊은 곳까지 구체적으로 이해하게 되었지요. 그리고 시간이 좀 걸리긴 했지만, 점점 그 괴로움에서 벗어나 극복할 수 있게 되었습니다. 저 자신의 '내면 아이'와 연결된 뒤로는 제 속에 있는 아이의 욕구를 우선하여 아이가 행복해지도록 생각하며 행동하고 있습니다.

앞으로 소개할 활동 중에는 쉽게 해낼 수 없는 것도 있습니다. 어떤 활동은 마음에 크고 작은 고통을 줄 수도 있고요. 그러니 결코 무리해서 따라 할 필요는 없습니다. 다만 틀림없는 사실은, 모두 시간을 들여서 시도할 가치가 있는 활동이라는 것입니다.

사실 1장부터 7장까지 소개한 활동들을 실천하기만 해도 충분한 자기 돌봄이 되긴 합니다. 다만 '더 해보고 싶어.' '내 괴로움을 이해해서 해방되고 싶어.' '내가 더 행복해지면 좋겠어.'라고 생각한다면, 이 책의 '마무리'이자 '클라이맥스'인 8~10장의 활동들에 도전해보길 바랍니다.

괴로움의 '뿌리'와
'정체'를 바라보기

해설

우리는 모두 '삶의 괴로움'을 막연하게 느끼며 살아갑
니다. 8장에서는 나를 힘들게 하는 괴로움의 '뿌리'와 '정
체'를 구체적으로 밝혀낼 것입니다.

여태까지 희미하던 괴로움의 구체적인 모습을 볼 수
있게 되면, 그것만으로도 마음가짐이 꽤 달라진답니다.
'잘 모르는 괴로움'과는 싸울 수도 화해할 수도 없지만,
정체를 알면 싸울지 극복할지 아니면 잘 화해할지 작전
을 세울 수 있거든요.

8장에서는 먼저 괴로움의 뿌리란 무엇인지 이해해보
겠습니다. 그다음에는 실제로 현재 내가 어떤 괴로움을

겪고 있는지 이해할 수 있게 도와주는 활동을 해보겠고
요. 여기서 소개하는 활동들의 바탕에는 앞서 설명한 심
리도식치료의 이론이 있습니다.

아이의 정서적 욕구에 대해
배워봅시다

　우리 삶을 고단하게 만드는 괴로움의 '뿌리'에는 '아이의 정서적 욕구'라는 것이 있습니다. 아이의 정서적 욕구란 '모든 아이들이 지니고 있으며 당연히 충족되어야 하는 마음의 욕구'를 뜻합니다. 구체적으로는 다섯 종류가 있다고 하는데, 예를 들면 다음과 같습니다.

　① 안심하고 싶다, 사랑받고 싶다, 이해받고 싶다, 보호받고 싶다, 나와 타인을 신뢰하고 싶다. ② 자신감을 품고 싶다, 뛰어난 사람이 되고 싶다, 야무진 사람이 되고 싶다, 여러 일에 도전하고 싶다. ③ 우선 내 욕구와 감정과 생각을 소중히 여기고 싶다, 내 욕구를 존중해주면 좋겠다. ④ 자유롭게 살고 싶다, 인생을 즐기고 싶다. ⑤

규칙을 지키며 모두와 평등하게 지내고 싶다, 나 말고 타인의 권리도 중요하게 여기고 싶다.

　심리도식치료의 이론에 따르면 어린 시절부터 정서적 욕구가 충족된 사람은 건강하게 성장할 수 있습니다. 반면 충족되지 않은 정서적 욕구는 아이의 괴로움, 나아가 아이가 성인이 되어 겪는 괴로움으로도 이어진다고 하지요. 여기에서는 일단 모든 아이에게 충족되어야 마땅한 정서적 욕구라는 것이 있다는 사실만 이해하고 다음 활동으로 넘어가겠습니다.

자, 정서적 욕구를 이해했다면 직접 자신의 인생에서
'정서적 욕구가 충족되지 않은 경험'을 찾아봐야 합니다.
말이 어렵다면 '상처 입은 경험'이라고 생각해도 되고요.
단, 앞으로 할 활동은 크든 작든 당신의 마음속에 고통을
불러일으킬 겁니다. 그렇기에 먼저 내 마음이 안전하다
는 걸 스스로 느껴야 합니다.

앞서 해봤던 활동 중 제가 '힘들 때는 이걸 해보세요.'
'맘이 괴로울 때는 이게 도움이 됩니다.'라고 했던 것들
이 무엇이었는지 떠올려보세요. 1장 「일단 진정하기」 또
는 2장 「누군가와 연결되기」에서 고를 수 있을 것 같습
니다. (예컨대 서포트 네트워크를 보면서 난 혼자가 아니

라고 생각한다든지요.) 아니면 5장과 6장에서 해보았던 마음챙김을 써먹을 수도 있겠지요. 7장에서 연습한 대처 방법 중 효과가 가장 좋았던 것을 해봐도 좋겠습니다.

앞으로 소개하는 새로운 활동을 해볼 때는 반드시 '안전감을 주는 활동'을 먼저 하길 바랍니다. 그리고 새로운 활동을 마칠 때 역시 다시 한 번 '안전감을 주는 활동'으로 마무리하세요. 즉 '안전감을 주는 활동' ⇨ '새로운 활동' ⇨ '안전감을 주는 활동' 순서대로 하는 것입니다.

나에게 안전감을 주는 활동

work

3
욕구가 만족되지 않았던 경험을 찾아보세요

먼저 '안전감을 주는 활동'을 합시다. 그리고 활동 1로 돌아가 '아이의 정서적 욕구'에 대한 설명을 다시 한 번 읽어보세요.

이제 여러분의 어린 시절, 또는 사춘기를 돌이켜볼 차례입니다. 괴로웠던 경험, 따분했던 경험, 불안했던 경험, 슬펐던 경험, 무서웠던 경험, 답답했던 경험, 우울했던 경험 등 내게 상처를 주었던 일들을 떠올려보는 겁니다.

무언가 상처 입은 경험이 기억났다면 그때 다섯 가지 정서적 욕구 중 무엇이 충족되지 않았는지 생각해보세요. 예를 들어볼까요.

[상처 입은 경험] 부모님이 툭하면 내 앞에서 싸웠다. 집에서는 항상 겁을 먹고 있었다. ⇨ [충족되지 않은 욕구] 안심하고 싶다, 자유롭게 살고 싶다.

[상처 입은 경험] 엄마는 자기 불만만 말했고 내 이야기는 전혀 듣지 않았다. ⇨ [충족되지 않은 욕구] 이해받고 싶다, 내 욕구를 존중해주면 좋겠다.

[상처 입은 경험] 학교에서 심한 왕따를 당했는데, 아무도 지켜주지 않았다. ⇨ [충족되지 않은 욕구] 보호받고 싶다, 타인을 신뢰하고 싶다, 인생을 즐기고 싶다.

[상처 입은 경험] 야무지지 않아서 늘 실패하고 지적을 당했다. ⇨ [충족되지 않은 욕구] 자신감을 품고 싶다, 뛰어난 사람이 되고 싶다, 인생을 즐기고 싶다.

사례들을 참고해서 자신의 상처 입은 경험을 다음 표에 적어보세요. 다 적은 다음에는 반드시 '안전감을 주는 활동'으로 마무리해야 합니다.

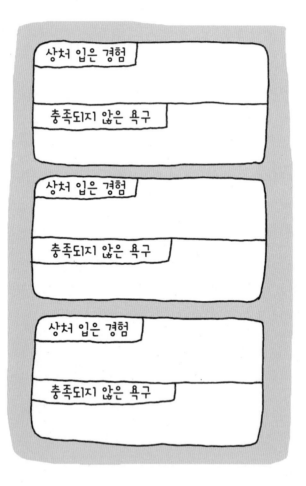

심리도식치료에서는 한 사람을 괴롭히는 마음속 깊은 곳의 생각(심리도식)이 '상처 입은 경험'과 '충족되지 않은 욕구'가 얽힘으로써 생겨난다고 말합니다.

이어지는 활동 4부터 활동 8까지는 심리도식치료의 이론에 기초해 '괴로움의 원인이 되는 전형적인 심리도식'들에 대해 설명하겠습니다. 여러분에게는 어떤 심리도식이 얼마나 강하게 있을까요. 제가 소개하는 심리도식들이 자신에게 있는지 없는지, 있다면 얼마나 강한지 또는 큰지 마음에 물어보세요. 머리로 생각하는 게 아니라 마음, 즉 감정적인 부분에 질문해보는 게 중요합니다. 물론 질문하기 전과 후에는 '안전감을 주는 활동'을 꼭 해야겠죠.

내게 이런 심리도식이 있을까 ①: '나를 사랑해주지 않아.' '나를 이해해주지 않아.' '나는 틀려먹었어.'

사람과 관계를 맺으면서 충분히 안심하지 못했다든지 계속 지적을 당했다든지 왕따가 된 적이 있다든지 학대나 '갑질'을 당한 적 있는 사람은 이런 심리도식을 안고 있는 경우가 드물지 않습니다. 몇 가지 예를 들 테니 자신의 마음속에도 비슷한 생각이나 감정이 있는지 질문해보세요. 만약 내게도 비슷한 심리도식이 있다면 어느 정도인지 몇 점 또는 몇 퍼센트 등으로 숫자를 매겨봅시다.

[나는 사랑받을 수 없어. 누구도 나를 사랑해주지 않아]

[나는 이해받을 수 없어. 누구도 나를 이해해주지 않아]

[나는 구제불능이야. 태어나지 않는 게 나았어]

나는 사랑받을 수 없어.
누구도 나를 사랑해주지 않아.

(　　)점 또는 %

나는 이해받을 수 없어.
누구도 나를 이해해주지 않아.

(　　)점 또는 %

나는 구제불능이야.
태어나지 않는 게 나았어.

(　　)점 또는 %

내게 이런 심리도식이 있을까 ② : '사람이 무서워.' '사람은 무슨 짓을 할지 몰라.' '사람은 나를 버릴 거야.'

이 심리도식 역시 사람과 관계를 맺다 상처를 많이 입으면 생겨날 수 있습니다. 활동 4의 심리도식은 '나'로 시작했지요? 그에 비해 이번 심리도식의 특징은 '사람'으로 시작하는 것입니다. 활동 4의 심리도식을 강하게 지닌 사람은 동시에 이번 심리도식도 지닐 수 있습니다.

[사람이 무서워. 사람은 나를 힘들게 하는 존재야]

[사람은 무슨 짓을 할지 몰라. 사람 따위 못 믿어]

[사람은 나를 버릴 거야. 저 사람도 갑자기 사라질걸]

사람이 무서워.
사람은 나를 힘들게 하는 존재야.

(　　)점 또는 %

사람은 무슨 짓을 할지 몰라.
사람 따위 못 믿어.

(　　)점 또는 %

사람은 나를 버릴 거야.
저 사람도 갑자기 사라질걸.

(　　)점 또는 %

내게 이런 심리도식이 있을까 ③:
'나는 무능해.' '늘 속수무책이야.'
'나는 실패만 해.'

자신의 능력이나 자신이 만들어낸 결과물과 관련한 심리도식을 살펴보겠습니다. 성장 과정에서 '이렇게 하면 잘할 수 있어.' '더 자신감을 가져.' 같은 메시지를 받지 못했던 사람이 이런 심리도식을 품기 쉽습니다.

[나는 무능해. 혼자서는 할 줄 아는 게 없어]

[무슨 일이 생겨도 나는 제대로 대처하지 못해]

[나는 하는 일마다 전부 실패해]

[나는 도전해봤자 소용없어. 남한테 기댈 수밖에 없어]

나는 무능해.
혼자서는 할 줄 아는 게 없어.

( )점 또는 %

무슨 일이 생겨도
나는 제대로 대처하지 못해.

( )점 또는 %

나는 하는 일마다
전부 실패해.

( )점 또는 %

나는 도전해봤자 소용없어.
남한테 기댈 수밖에 없어.

( )점 또는 %

내게 이런 심리도식이 있을까 ④ : '시키는 대로 해야 해.' '나만 참으면 돼.' '다른 사람한테 베풀어야 해.'

자신의 욕구와 의지를 억누르고 누군가에게 복종하거나 타인에게 무조건 베푸는 것과 관련 있는 심리도식입니다. 이런 심리도식을 지니고 있으면 늘 참기만 하고, 정작 자신에게는 소홀히 하기 쉽지요.

[내 자리를 지키려면 무조건 시키는 대로 해야 해]

[나만 참으면 전부 잘 풀릴 거야]

[다른 사람한테 베풀어야 나한테 가치가 있는 거야]

[괴로워하는 사람을 보면 내가 힘드니까 도와주자]

내 자리를 지키려면
무조건 시키는 대로 해야 해.

(　　)점 또는 %

나만 참으면 전부 잘 풀릴 거야.

(　　)점 또는 %

다른 사람한테 베풀어야
나한테 가치가 있는 거야.

(　　)점 또는 %

괴로워하는 사람을 보면
내가 힘드니까 도와주자.

(　　)점 또는 %

내게 이런 심리도식이 있을까 ⑤ : '정신 차려야 해.' '뭐든 완벽해야 해.' '즐기면 안 돼.' '감정을 드러내면 안 돼.'

이런 심리도식을 지닌 사람은 느긋하게 때로 즐기면서 살아가도 괜찮다고 생각하지 않습니다. 언제나 긴장한 채 '정신 똑바로 차리고 잘해야 해.' 하는 마음가짐을 놓지 않지요. 몸과 마음이 항상 팽팽한 활시위 같아서 긴장을 풀거나 즐기는 걸 어려워하고요.

[항상 정신 똑바로 차리고 잘해야 해]

[난 완벽해야 해. 그러지 못한 건 내가 용납 못 해]

[즐겨서는 안 돼. 긴장을 풀어서도 안 돼]

[감정을 드러내면 안 돼. 감정적이 되어도 안 돼. 늘 이성적이어야 해]

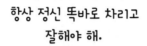

항상 정신 똑바로 차리고
잘해야 해.

(   )점 또는 %

난 완벽해야 해.
그러지 못한 건 내가 용납 못 해.

(   )점 또는 %

즐겨서는 안 돼.
긴장을 풀어서도 안 돼.

(   )점 또는 %

감정을 드러내면 안 돼.
감정적이 되어도 안 돼.
늘 이성적이어야 해.

(   )점 또는 %

내게 이런 심리도식이 있을까 ⑥ : '무조건 칭찬받고 싶어.' '1등은 나야.' '규칙 따위 몰라.' '참는 게 가장 싫어!'

다른 사람이 나를 칭찬하거나 추어올리기를 원하고, 욕망이 이끄는 대로 행동하려 하는 심리도식입니다. 주위 사람들은 내심 '거만한 사람'이나 '응석받이'라고 여길 수도 있겠죠.

[모두에게 칭찬받고 싶어. 눈에 띄고 싶어. 나를 대단하다고 생각하면 좋겠어]

[1등은 언제나 나야. 다른 사람보다 위에 서고 싶어]

[규칙 따위에 얽매이지 않고 하고 싶은 건 다 해야 해]

[참는 게 가장 싫어! 참는 건 너무 어려워!]

모두에게 칭찬받고 싶어.
눈에 띄고 싶어.
나를 대단하다고 생각하면 좋겠어.
(　　)점 또는 %

1등은 언제나 나야.
다른 사람보다 위에 서고 싶어.

(　　)점 또는 %

규칙 따위에 얽매이지 않고
하고 싶은 건 다 해야 해.

(　　)점 또는 %

참는 게 가장 싫어!
참는 건 너무 어려워!

(　　)점 또는 %

일상에서 자신의 심리도식에
주의를 기울여보세요

여러 심리도식을 확인해보니, 어떤가요? 누구나 앞서 소개한 심리도식 중 몇 가지를 많든 적든 지니고 있을 것입니다. 그 심리도식들이 여러분 속에 생겨난 것은 결코 여러분 탓이 아닙니다. 성장하는 과정에서 입은 상처나 충족되지 않은 욕구 때문에, 또는 이런저런 사람들과 관계를 맺는 와중에 결과적으로 여러분 속에 심리도식이 자리 잡은 것이지요.

여러분이 꼭 이해해주길 바라는 게 있습니다. 바로 '심리도식은 절대 이 세상의 진실이 아니다!' 하는 것입니다. 심리도식은 우리의 마음속에 뿌리내린 '생각'일 뿐입니다. 심리도식이 워낙 마음속 깊이 뿌리를 내린 탓에 자첫 진실이라고 여기기 쉽지만, 실은 그렇지 않습니다. 우리에게 그런 '생각'이 있는 것에 불과하지요. 당신이 '나는 못난 인간이야.'라고 강하게 생각한다고 해서 당신이 정말 못난 사람일까요? 결코 그렇지 않습니다.

사실 심리도식은 일상생활에서 종종 고개를 내밉니다. 그럴 때 우리는 괴로워하거나 스트레스 반응을 보이거나 스스로를 소홀히 대하지요. 그러니 일상에서 힘들거나 스트레스를 느끼거나 나도 모르게 바람직하지 않은 행동을 한다면 '어, 지금 혹시 심리도식이 튀어나왔나?' 생각하며 스스로 확인해보세요.

그다음 자신의 심리도식에 집중해봅시다. 가령 '아, 지금 나만 참으면 된다는 심리도식이 고개를 내밀었어.' '이번에는 정신 똑바로 차려야 한다는 심리도식이 튀어나왔네.' 하는 것이지요. 그러고는 이렇게 생각해보세요. '아, 그래도 심리도식은 진실이 아냐. 내가 그렇게 생각할 뿐이야.' 이런 과정을 반복하다 보면 조금씩 심리도식의 올가미에서 벗어날 수 있습니다.

9장

'저주'에서
'희망'으로

해설

8장에서는 '삶의 괴로움'과 관련 있는 심리도식의 정체를 밝혀냈는데, 그 심리도식은 '저주'와도 비슷합니다. 다시 강조하지만 심리도식이 생겨난 것은 결코 여러분 탓이 아닙니다. 환경과 인간관계 등 수많은 원인이 얽힌 결과 심리도식이 멋대로 여러분 속에 자리 잡은 것이지요. 여러분에게는 아무런 책임이 없습니다.

여기서 명심할 점은 우리에게 선택권이 있다는 사실입니다. 내 속의 심리도식, 즉 '저주'에 그대로 휘둘리면서 살아갈 것인가, 아니면 '저주'에서 스스로를 해방하여 살아갈 것인가. 우리가 심리도식의 '저주'에 얌전히 붙들려 살 필요는 없습니다.

먼저 심리도식이 나에게 보내는 '저주'를 깨달아보고, 저주에서 나를 해방해주세요. 그다음 나를 더 편하게 해주며 행복하게 만들어주는 '희망'을 찾아냅시다. 9장에서 소개하는 활동들은 여러분이 '저주'에서 벗어나 새로운 '희망'을 찾아내는 데 도움을 줄 것입니다.

'저주'를 그 자리에서 깨달아봅시다

먼저 심리도식이 거는 '저주'를 그 자리에서 바로 눈치 채는 연습을 하겠습니다. 8장의 활동들을 실천하여 '일상에서 심리도식에 집중'할 수 있다면, 이번 활동은 그리 어렵시 않답니다. 심리도식이 고개를 내밀어서 '저주'로 여러분을 공격할 때, 곧이곧대로 그 말을 받아들이지 않는 게 중요합니다. "아, 지금 심리도식이 나타났어! 이게 '저주'구나. 굳이 받아들이지 말자." 이렇게 혼란에 빠지지 않도록 스스로에게 말을 걸어주세요.

'나는 쓰레기야. 나 따위는 없어지는 게 나아!' 하는 자동적 사고와 함께 우울감이 들었다고 가정해볼까요. 이런 생각과 감정을 깨달았다면 그대로 빠져들지 마세요.

"아, 이건 심리도식이야! '나는 틀려먹었어.'랑 '난 무능해.'가 나타났구나! 심리도식이 들려주는 '저주'가 이런 거였어! 빠져들면 안 돼! 이건 '저주'야!" 이렇게 마음을 다잡아야 합니다.

'저주'를 느끼면
마음챙김을 해보세요

앞서 6장에서 자동적 사고와 감정을 대상으로 마음챙김을 연습해봤지요. 그걸 심리도식의 '저주'에 써먹을 수 있습니다. 예컨대 심리도식이 들려주는 '저주'를 눈치챘다면, 그 말을 강물 위의 나뭇잎에 싣거나 민들레 씨라고 생각하며 불어서 날려버리거나 변기에 싼 똥이라고 생각하며 레버를 세게 눌러버리는 겁니다. 아니면 '저주' 때문에 생겨난 여러 괴로운 감정을 배 속에 있는 작은 아이라고 여기며 받아들이거나 '저주' 탓에 요동치는 마음을 바다와 파도로 상상하며 멀리서 바라볼 수도 있겠죠. 이처럼 '저주'에 휘말리지 않고 마음챙김의 대상으로 삼아 한 발 떨어져서 바라보는 게 중요합니다.

저주가 느껴질 때는
마음챙김을 해보자

지그시

저주

'저주'를 종이에 적고는
꽉꽉 구겨서 버리세요

복사용지나 메모지에 자신이 깨달은 '저주'를 적어보세요. 일부러 휘갈겨 쓰는 것도 좋답니다. 그다음에는 종이를 힘껏 구겨서 둥글게 만들고 쓰레기통에 버리세요. 가능하면 태우는 것도 좋고요. (불조심은 잊지 마세요!) 아니면 종이를 아주 잘게 찢어서 버려도 괜찮습니다. 그렇게 '저주'와 작별하는 겁니다. 이 활동은 여러 차례 반복해야 합니다. '저주'가 나를 공격할 때마다 종이에 쓰고 버리는 활동을 포기하지 말고 계속하세요.

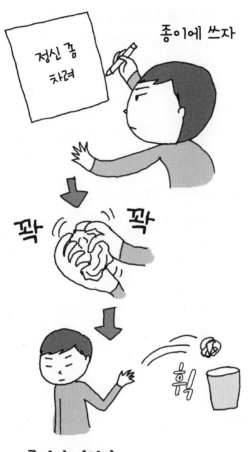

종이에 쓰자

정신 좀 차려

꽉 꽉

구겨서 버리자

'저주'에 휘둘리며 사는 삶의 괴로움을 상상해보세요

심리도식에서 비롯되는 생각은 '저주'라고 할 만큼 강력합니다. 그래서 심리도식이 고개를 내밀면 우리는 어쩔 수 없이 끌려들고 말지요. 일단 저주에 끌려가면 그것이 나의 진실인 것처럼 느껴지고요.

가령 '나만 참으면 돼.'라는 심리도식이 저주를 걸어 그에 휘말리면 '정말 나만 참으면 다 잘됐어. 나는 쭉 그렇게 살아왔어. 그러니까 앞으로도 내가 참으면서 잘 견뎌야 해.' 하는 생각이 들기 쉽습니다. '저주'를 진실로 받아들이는 것이죠. 무서운 저주 같으니!

바로 그 때문에 우리는 상상을 해봐야 합니다. '저주'에 휘둘리며 살아가는 미래를요. '나만 참으면 돼.'라는 생각을 믿으며 살아가면, 과연 어떤 좋은 일이 있을까요? 그렇게 살면 내가 행복해질 수 있을까요? '저주'에 사로잡힌 내가 과연 미래의 나를 행복하게 해줄 수 있을까요? 답은 굳이 말할 필요도 없겠죠.

'저주'가 나를 공격해서 그게 진실인 양 느껴진다면, '저주'를 믿으며 살아가는 삶의 괴로움을 스스로 분명히 깨달아야 합니다. 그리고 자신을 다잡아야지요. 우리에게는 '저주'에 휘둘리며 살아갈 이유가 전혀 없으니까요!

휘둘리지 않아!

'저주'를
반박해보세요

내 마음에 둥지를 튼 '저주'를 반박할 차례입니다. 일단 반박은 강력해야 합니다. 가령 '아무도 나를 이해해주지 않아.'라는 저주에 대해 '아냐, 그렇지 않았어. 중학교 때 단짝이랑 서로 잘 통했잖아. 그런 친구를 분명히 또 만날 거야!' 하는 것이죠. '나는 하는 일마다 실패해.'라는 저주에 대해서는 '실패만 한다니 과장이 심한데! 살다 보면 실패도 하게 마련이잖아. 전부 실패한다고 단정하는 건 지나쳐. 오늘도 분리수거랑 빨래랑 회사 일까지 다 했잖아. 실패하지 않았다고.' 하며 반박하는 겁니다. '나만 참으면 다 잘 풀려.'에 대해서도 '그건 좀 아니지 않아? 나만 참다니 불공평하잖아. 물론 참아야 할 때도 있지만 늘

참는 건 단언컨대 이상해. 오히려 지금까지 참은 만큼 앞으로는 덜 참아도 되지 않아?'라고 할 수 있겠죠.

반박을 할 때는 반드시 종이에 쓰든가 스마트폰에 메모하며 외재화를 하세요. 반박하려 하면 처음에는 좀 억지스럽거나 부자연스러울 수 있습니다. 그래도 괜찮아요. 일단 '저주'에 반박하는 행위 자체에 의미가 있답니다. 하다 보면 점점 설득력 있는 반박을 할 수 있을 겁니다. 일단 억지스럽든 부자연스럽든 '반박하기'를 습관으로 만들어봅시다.

'건전한 사람'과 저주에 대해 이야기해보세요

　여러분 주위에 평범한 대화를 대수롭지 않게 할 수 있는 사람, 즉 '건전한 사람'이 있다면 나에게 들러붙은 '저주'에 대해 한번 이야기해보길 추천합니다.

　"실은 내 속에 저주 같은 생각이 있어. 일단 그 생각이 떠오르면 나도 모르게 사로잡혀서 너무 힘들어. 너는 어떻게 생각해?"

　"일종의 저주니까 풀어보려고 내 나름 반박을 하는데, 아무래도 혼자서는 어려워. 좀 도와줘."

　건전한 사람이라면 저주 때문에 힘들어하는 여러분에게 기꺼이 손을 내밀어줄 것입니다.

'건전한 사람'이 나를 도와주는
상상을 해보세요

당장 건전한 사람과 대화하기 어려운 상황이라면 상상을 해도 괜찮습니다. 머릿속에 건전한 사람을 떠올리면서 '이 사람이라면 내 저주에 뭐라고 반박해줄까?' 생각해보는 것이죠.

상상 속의 건전한 사람이 꼭 나와 아는 사이거나 친구일 필요는 없습니다. 예컨대 이미 돌아가신 분(어릴 적 나를 아껴주신 할머니라거나), 존경하는 사람이나 유명인, 애니메이션이나 만화책의 캐릭터 등 누구든 괜찮습니다. 나를 기꺼이 도와줄 듯한 누군가를 떠올리면서 '저주'에서 나를 구해달라고 요청해보세요.

'희망'을
만들어내세요

앞선 활동들을 하면서 여러분 속에는 '저주'와 다른 새로운 '말'들이 생겨났을 것입니다. '저주'에서 해방해주거나 '저주'에 반박해주거나 '저주'의 함정에서 구해주는 '말'들이 여러분 손에 늘어왔겠죠. 그 말들을 일종의 '희망'으로 정리해볼 차례입니다.

예 : '나는 나를 소중히 여기면서 살아갈 거야.' '나에게는 행복해질 권리가 있어.' '더 자유로운 마음으로 느긋하게 살아가자.' '나를 아껴주는 사람들을 찾아서 함께 살아갈 거야.' '어깨에 힘을 빼도 돼. 완벽을 목표하지 말자.' '걱정하지 않아도 괜찮아. 어떻게든 될 테니까.' 등등.

'희망'을 지니고
다니세요

활동 8에서 정리한 '희망' 역시 외재화를 하면 좋습니다. 단, 앞서 해봤던 것과 달리 '희망'은 노트나 스마트폰에 간단히 적는 게 아니라 좀 특별하게 외재화를 해보세요. 예쁜 카드를 사서 정성스레 적고 귀여운 스티커로 장식하거나 맘에 드는 사진을 출력해서 뒷면에 나만의 '희망'을 적어보는 거지요.

그렇게 '희망'을 적은 다음에는 늘 지니고 다니면서 '저주'가 나타날 것 같을 때마다 곧장 '희망'을 꺼내 자기 자신에게 분명히 '희망'을 전해주세요. 그저 눈으로 읽는 게 아니라 소리 내어 말하면 더 효과적이랍니다.

늘 희망이 함께 있으니까 괜찮아

느긋하게 살자

'희망'을 지닌 사람으로서 행동하며 다른 사람과 어울려보세요

여러분은 '저주'에서 스스로를 해방했습니다. '희망'을 지니고 다니면서 항상 자신에게 들려줄 수 있게 되었지요. 이제 행동을 바꿔볼 차례입니다. '희망'을 지닌 사람으로서 말하고 행동하고 다른 사람과 어울리는 것입니다.

가령 '나는 틀려먹은 인간이야. 살아갈 자격이 없어.'(저주)라는 생각을 품은 사람과 '내게는 행복해질 권리가 있어.'(희망)라고 생각하는 사람은 말과 행동이 전혀 다르겠지요. 굳이 설명할 필요도 없습니다.

'희망'을 지닌 사람은 자신을 소중히 여기고, 하고 싶은 일에 나서며, 건전하게 자기주장을 합니다. 예컨대 '어깨에 힘을 빼도 돼. 완벽을 목표하지 말자.'라는 '희망'

을 지닌 사람은 완벽을 추구하는 데 모든 시간을 쓰기보다는 즐기거나 긴장을 푸는 것에도 충분히 시간을 투자할 것입니다. 나아가 인생을 즐기는 사람으로서 주위 사람들과도 어울리겠죠.

희망을 품은 채
주위 사람들과 어울리자

10장

'내면 아이'를
지키고 치유하기

해설

  심리도식치료의 이론에는 '내면 아이inner child'라는 개념이 있습니다. 앞서 우리가 성장하는 과정에서 상처를 입거나 정서적 욕구가 충족되지 않은 경험을 한 탓에 마음속에 심리도식이 자리 잡았다고 설명했지요? 다시 말해 우리 자신의 '아이'가 상처 입은 결과 심리도식이 생겨난 겁니다.

  내면 아이가 상처 입은 것은 결코 우리 자신의 책임이 아닙니다. 다만 9장에서 '저주'를 풀고 '희망'을 찾아냈듯이, 우리는 '내면에 있는 아이'의 상처를 치료해주거나 채워지지 않은 욕구를 충족시켜줄 수 있습니다. 처음에는 어려워도 배우고 연습하면 됩니다.

　마지막 10장에서는 자신의 내면 아이와 연결되어 아이를 돌보고 행복하게 해주는 활동들을 소개하겠습니다.

아무리 나이를 먹어도
'내면 아이'가 있다는 걸 기억하세요

'아이가 어른이 된다'고 해서 그 사람 속에 있던 아이가 완전히 사라지지는 않습니다. 내면에는 언제까지나 아이 같은 존재가 있으며, 그 아이를 적절히 돌볼 줄 아는 사람이 되는 것을 '어른이 된다.'라고 말합니다.

정리하면 아무리 나이를 먹어도 사람에게는 내면 아이가 있다는 말입니다. 우선 이 사실을 알아두세요. 6장의 활동 6에서 내면 아이와 살짝 접촉해봤는데, 사실 여러분에게는 항상 내면 아이가 있습니다.

나에게는
'내면 아이'가 있어

'내면 아이'에게
이름을 지어주세요

아이에게 이름을 지어줄까요. 제가 카운슬링을 하며 만난 분들은 자기 이름을 그대로 붙이거나 이름 중 일부를 따서 새로운 이름으로 부르는 경우가 많았습니다.

예컨대 저는 내면 아이를 '에미짱'이라고 부릅니다. 제본래 이름에 아이다운 느낌을 주려고 한 글자를 붙였지요. 아니면 이름 중 한 글자만 따서 '미짱'이라 할 수도 있겠네요. 어떻게 이름을 지어도 괜찮습니다.

자신의 이름을 그다지 좋아하지 않는 분도 있겠죠. (좋아하지 않아도 전혀 상관없어요.) 그런 분들은 내면 아이에게 새로운 이름을 붙여주면 됩니다. 내면 아이는 어떤 이름으로 불리고 싶을까 상상하며 이름을 지어주세요.

이름은 나중에 바꿔도 괜찮습니다. 일단 아이의 이름을
지어보고 잘 와닿지 않으면 다른 이름으로 바꿔보세요.

○○야

이름을
지어보자

'내면 아이'의 이름을 부르고
답을 기다리세요

　내면 아이는 여러분의 몸과 마음 어딘가에 반드시 있습니다. 실은 여러분이 이름을 불러주길 기다리고 있답니다. 그러니 활동 2에서 지은 내면 아이의 이름을 소리 내어 불러보세요. 신심을 담아서 따뜻하게, 정말로 아이에게 말을 걸듯이 불러보는 겁니다.

　저라면 "에미짱…?" "에미짱, 들리니?" "에미짱, 어디 있어? 들리면 대답해줘." 하고 말을 걸겠습니다. 어떤가요? 내면 아이가 여러분의 부름에 답해주었나요?

　처음에는 내면 아이가 경계하느라 좀처럼 답해주지 않을 겁니다. 아무런 반응이 없어도 신경 쓰지 마세요. 포기하지 말고 기회가 있을 때마다 "○○야, 거기 있니?"

하고 계속 말을 걸어야 합니다. 그러다 보면 분명 내면 아이가 답해줄 거예요.

'내면 아이'에게 매일매일
말을 걸어보세요

내면 아이의 이름을 부르는 데 익숙해졌다면 매일매일 말을 걸어볼 차례입니다. 아침에 일어나면 "○○야, 안녕." 하고 인사해보세요. 아침에 마신 오렌지주스가 맛있다면 "○○야, 주스 맛있다!"라고 말을 걸고요. 날씨가 맑다면 "○○야, 오늘 날씨 좋다."라고, 비가 내리면 "○○야, 오늘은 비가 내려. 빗소리 들리지?"라고 해도 되겠죠.

점심을 먹을 때는 내면 아이와 함께 메뉴판을 보면서 "○○야, 뭐 먹고 싶어?"라고 물어보세요. 식후에 아이스크림을 먹으면 "○○야, 아이스크림 맛있다!" 하고요.

밤에 달이 보이면 "○○야, 달 좀 봐. 오늘은 초승달이네."라며 말을 겁시다. 반신욕을 하는 날에는 "○○야, 욕조에 들어오니까 좋다. 따뜻해."라고 할 수 있겠죠. 밤에 잠자리에 들면서는 "○○야, 오늘도 고생했어. 잘 자."라고 인사를 하고요. 이렇게 아침부터 밤까지 내면 아이를 부르면서 계속 말을 거는 게 중요합니다.

'내면 아이'의 존재를
몸과 마음으로 느껴보세요

내면 아이의 이름을 짓고 매일매일 말을 걸다 보면, 아이가 점점 진짜로 답해주기 시작할 겁니다. "안녕." 하면 "안녕."이라고, "맛있다!" 하면 "응, 맛있어!"라고요. 내면 아이가 여러분 몸의 어디에 있나요? 한번 느껴보세요. 또 내면 아이가 여러분 마음의 어디에 있나요? 한번 찾아보세요.

저를 포함해서 많은 사람이 내면 아이의 존재를 가슴과 배 주변에서 느낍니다. 마치 어린아이를 품에 안고 있는 듯한 느낌이지요. 여러분도 내면 아이의 존재를 몸과 마음으로 생생하게 느껴보길 바랍니다.

내면 아이를
몸과 마음으로 느끼자

'내면 아이'의 욕구에
귀를 기울이고 만족시켜주세요

8장에서 '아이의 정서적 욕구(모든 아이들이 지니고 있으며 당연히 충족되어야 하는 마음의 욕구)'에 대해 살펴봤지요. 정서적 욕구는 우리의 내면 아이에게도 당연히 있습니다. 어린 시설 정서적 욕구가 충족되지 않았던 경험을 이제 와서 어떻게 할 수는 없지만, 지금 여러분에게 있는 내면 아이의 정서적 욕구는 여러분 자신이 귀를 기울이면 만족시켜줄 수 있습니다.

8장에서 설명했듯이 정서적 욕구에는 다섯 종류가 있습니다. 다시 살펴볼까요.

① 안심하고 싶다, 사랑받고 싶다, 이해받고 싶다, 보호받고 싶다, 나와 타인을 신뢰하고 싶다. ② 자신감을

품고 싶다, 뛰어난 사람이 되고 싶다, 야무진 사람이 되고 싶다, 여러 일에 도전하고 싶다. ③ 우선 내 욕구와 감정과 생각을 소중히 여기고 싶다, 내 욕구를 존중해주면 좋겠다. ④ 자유롭게 살고 싶다, 인생을 즐기고 싶다. ⑤ 규칙을 지키며 모두와 평등하게 지내고 싶다, 나 말고 타인의 권리도 중요하게 여기고 싶다.

부디 여러분의 내면 아이에게 한번 물어보세요. "지금 뭘 원하니?" "내가 어떻게 해줄까?" "내가 너한테 뭘 해줄 수 있을까?" 그렇게 아이의 욕구에 귀를 기울이고, 그 욕구를 만족시켜줍시다.

'내면 아이'를
'저주'로부터 지켜주세요

심리도식, 다시 말해 '저주'는 대부분 내면 아이를 공격하거나 무리한 요구를 강요하는 것들입니다. 머릿속에 불현듯 '저주'가 떠오르면, 빠져들지 않게 조심하면서 여러분 자신의 내면 아이를 '서주'로부터 지켜주세요.

만약 '사람들은 나를 버릴 거야.'라는 저주가 떠오르면 '○○야, 지금 이상한 저주가 들렸지만 귀담아 들을 필요 없어. 적어도 나는 절대로 너를 버리지 않을 거야. 걱정하지 마.'라고 아이에게 말해주세요. '나는 완벽해야 해. 실수는 용납할 수 없어.'라는 저주가 닥치면 어떡할까요? '언제나 완벽할 수는 없어. 완벽하려고 하면 몸과 마음이 너무 지치니까 그만두자. 사람의 가치는 완벽함과 아무런 상관도 없어. 긴장 풀고 재미있게 살자!'라고 말을 걸어주면 좋을 것 같습니다.

이렇게 '저주'의 공격에서 여러분의 내면 아이를 지켜주세요.

저주로부터 지키자

'내면 아이'를 치유하고, 위로하고, 돌봐주세요

상처 입은 내면 아이에게는 치유와 위로, 그리고 돌봄이 필요합니다. 내면 아이가 다치거나 괴로워하거나 두려워하거나 우울해하거나 불안에 떠는 게 느껴지면 머릿속으로 떠올려보세요. 상상 속에서 아이를 안아주고 등을 쓰다듬고 따뜻한 말로 달래면서 돌보는 겁니다. 내면 아이가 울고 있는데 엄하게 '울면 안 돼!' 하면 안 되겠죠. '왜 그러니?'라며 말을 걸고 상처 입은 아이의 마음을 충분히 들어주면서 보살펴줍시다.

아이가 울면 돌봐주자

'내면 아이'를 격려해주고 응원해주세요

때로는 내면 아이의 등을 두드리며 격려와 응원을 해 줘야 하는 경우도 있습니다. 내면 아이가 좀처럼 자기주 장을 하지 못하거나 머뭇거리며 하고 싶은 일에 도전하 지 못할 때는 그저 다독이기만 하면 안 되겠죠. '용기를 내서 한 걸음 나아가자.' '네 맘속에 있는 말을 밖으로 꺼 내봐.' '실패해도 괜찮아. 도전해볼까?' 이렇게 말을 걸며 내면 아이가 원하는 일이나 말을 할 수 있도록 힘을 북돋 아주세요. 말 그대로 아이를 응원해주는 겁니다.

내면 아이가 살짝이라도 무언가에 도전했다면 결과와 상관없이 이렇게 말해주세요. '잘했어. 노력했구나.' '언 제나 널 응원할게.' 더욱 격려하고 응원해주는 것이죠.

'내면 아이'와 함께 '희망'을 품고 살아가세요

드디어 이 책의 마지막 활동입니다. 심리도식치료에서 가장 중요하게 여기는 것은 무엇일까요? 항상 내면 아이와 연결되어 상처를 치유해주고, 아이가 원하는 대로 살도록 응원해주는 것입니다. 그리고 '희망'을 지닌 채 자신을 계속 응원하는 것이지요.

이 두 가지를 해낸다면 여러분은 언제나 자신을 능숙하게 돌보며 더욱 행복하게 살아갈 것입니다. 나아가 다른 사람의 내면 아이까지 돌보며, 다른 사람에게도 '희망'을 주겠죠. 그렇게 서로 내면 아이를 돌봐주는 '희망'을 지닌 사람들로 이 세상이 가득해진다면 얼마나 멋질까요? 그런 세상을 다 함께 만들 수 있길 바랍니다.

잠시 제 개인적인 이야기를 하겠습니다. 사실 이 책을 쓰던 2019년 하반기에 저는 인생에서 가장 큰 위기를 맞닥뜨렸습니다. 가족이 중병으로 쓰러졌는데, 많은 업무를 진혀 줄이지 못하고 일에 쫓기면서 아픈 가족까지 챙겨야 했습니다. 게다가 저는 그해 여름에 열사병을 앓았고, 그 탓인지 몸과 마음에 이런저런 문제가 일어나 매일매일 '이럴 거면 차라리 죽는 게 낫겠어.'라고 생각할 정도였습니다.

아직도 가족의 병과 관련해 정신없이 할 일이 많고, 제 몸과 마음의 컨디션 역시 들쑥날쑥해서 안 좋을 때는 매우 나빠지기도 합니다.

그런 와중에 이 책을 썼습니다. 저는 여태껏 독자들의 자기 돌봄을 도와주는 책을 여러 권 썼는데, 이번 책은 오로지 저 자신을 위해서 썼습니다. 제가 스스로를 있는 힘껏 돌보기 위해, 그리고 저 자신을 응원하기 위해 쓴 셈입니다.

지금 저는 그럭저럭 살아가고 있습니다. 결코 최고의 컨디션이라 할 수는 없지만, 주위 사람들의 도움과 저 자신의 돌봄을 받으며 힘들어도 생활하고 있답니다. 현재 제 생활을 지탱해주고 있는 것이 바로 이 책에서 소개한 활동들입니다. 저는 이 책에 담긴 활동들을 직접 실천하여 스스로를 돌보면서 살아가고 있습니다.

제 경험을 여러분에게 나눠드린다는 느낌으로 이 책을 썼습니다. 제가 건강했다면 훨씬 금방 써냈을 테지만 이번에는 체력도 기력도 모자랐습니다. 이를 악물듯이 매일 조금씩 써나갔지요.

다 쓴 다음에 다시 읽어보니 실감할 수 있었습니다. '확실히 나는 이 책의 활동들에 매일 큰 도움을 받았구나.' 하고요.

살아 있는 한 우리는 이런저런 스트레스를 겪게 마련입니다. 여러 번 상처 입고 위기에 빠지기도 하지요. 그럴 때는 부디 이 책에서 소개한 활동 중 한두 가지라도 해보길 바랍니다. 그렇게 살아가주세요. 그리고 살아가면서 늘 자기 자신을 지지하며 도와주세요. 그러다 보면 이 사회 전체가 서로서로를 도와주는 따뜻한 곳이 되리라 생각합니다. 이 책을 읽어주셔서 진심으로 감사드립니다. 언젠가 또 인사할 날이 있기를!

지금, 나는 얼마나 괴로운가

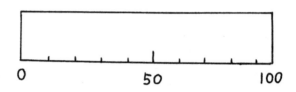

지금, 나는 얼마나 행복한가

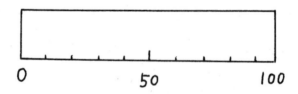

고통과 행복 기록표

	고통	행복
월 일	점	점

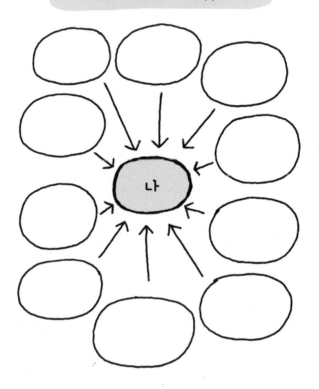

나의 서포트 네트워크

월　　일	어떤 스트레스가 있었지?	

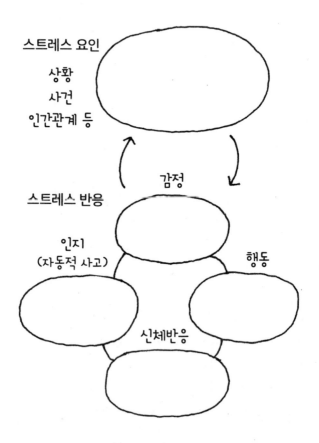

스트레스 요인

상황
사건
인간관계 등

감정

스트레스 반응

인지
(자동적 사고)

행동

신체반응

나만의 대처 방법을 적어보기

나만의 대처 방법 목록

옮긴이 김영현

출판 기획편집자로서 교양, 인문, 실용, 문학 등 다양한 분야의 책을 만들었다. 현재 프리랜서 기획편집자로 일하며 일본어 번역을 하고 있다. 옮긴 책으로 『매일 의존하며 살아갑니다』 『나는 옐로에 화이트에 약간 블루』 『서로 다른 기념일』 『영원에 대한 증명』(출간 예정) 등이 있다.

나를 돌보는 책
심리학이 알려주는 스트레스 관리법 100

초판 1쇄 발행 2021년 1월 21일
초판 3쇄 발행 2022년 10월 13일

지은이 이토 에미
그린이 호소카와 텐텐
옮긴이 김영현
펴낸이 김효근
책임편집 김남희
펴낸곳 다다서재
등록 제2019-000075호(2019년 4월 29일)
전화 031-923-7414
팩스 031-919-7414
메일 book@dadalibro.com
인스타그램 https://www.instagram.com/dada_libro

한국어판 ⓒ 다다서재 2021
ISBN 979-11-968200-7-7 03180